Verehrte Leserschaft,

herzlich willkommen im neuen Genusswegweiser! Diesmal haben wir uns den Landkreis Haßberge vorgenommen, zu dem neben den Haßbergen auch der nördliche Steigerwald gehört. Rund um die Metropole Haßfurt finden Sie ein breites Spektrum spannender Gastlichkeit, vom klassischen Franken bis zum kernigen Sarden oder der feurigen Mexikanerin. Diese Bandbreite hat uns begeistert und stellenweise auch überrascht – das Ergebnis halten Sie in Händen. Nun werden Sie nie wieder Hunger leiden müssen, werden immer die richtige Anlaufstelle für einen guten Schoppen fränkischen Weines oder ein kräftiges Landbier finden, haben die Termine der wichtigsten Feste auf einen Blick und viele weitere nützliche Hinweise für ein sorgenfreies Leben in den und um die Haßberge bzw. den nördlichen Steigerwald. Der kulinarische Spannungsbogen zwischen **Weinfranken** und der Weltrekordregion **Bierfranken** sorgt zudem für höchste Qualität und echte menschliche Originale, die immer mit 150% an Sudkessel, Kochtopf oder Rebstock stehen – ein Gefühl, das Sie bei der ein oder anderen Location auch selbst hautnah erleben können.

Wir haben auch in unserem vorliegenden Buch wieder nach unserem bekannten Konzept gearbeitet. **Die Recherchen sind unabhängig, keine der** **Gaststätten oder Heckenwirtschaften zahlt für Ihre Aufnahme oder gar die Veröffentlichung bestimmter Texte oder Bilder.**

Deswegen ist es umso wichtiger, uns bei den Partnern des Buches zu bedanken, allen voran **Gerhard Schmidt** von der Touristinformation Haßberge, der auch maßgeblicher Initiator des Buches war, und **Hubert Rottmann** von der DB Regio. Denn für Wein- und Bierliebhaber gilt natürlich „Don't drink and drive!"
Da es hier vor allem um Essen und Trinken geht, sind wir weiterhin sehr froh, auch die beiden großen „Genuss-Familienunternehmen" des Landkreises mit im Boot zu haben. Zum einen wäre da **Maintal Konfitüren**, die seit inzwischen 125 Jahren nicht nur mit Ihren Hagebutten-Köstlichkeiten zu überzeugen wissen (S. 68). Auf der anderen Seite steht die **Brauerei Göller** aus Zeil am Main, wo man es hervorragend meistert, einzigartige Spezialitäten mit sozialem Engagement zu vereinen (S. 232).

Weiterhin maßgeblich für das Gelingen unseres Werks ist das GuideMedia-Team (in alphabetischer Reihenfolge): Michael Eckerle, Ingeborg Essel, Jofrey Kollmann, Frank Märzke, Nicole Schramm, Benjamin Strüh sowie unsere teils bereits angetrauten besseren Hälften Pia und Claudia. **Vielen Dank!**

Liebe Leser,

wir haben für Sie wieder jede Menge Informationen in den neuen Genusswegweiser gepackt. Auf dieser Seite finden Sie eine kurze Erläuterung des Buchsystems, die Ihnen helfen soll, das gerade passende Ziel für Ihre Wünsche schnell zu finden:

1. Sortierung nach Gemeinden

Die Gastronomie in diesem Buch sind **alphabetisch nach Städten/Gemeinden** sortiert. Den jeweiligen Namen der Stadt/Gemeinde finden Sie im oberen Balken ganz rechts bzw. links. Um direkt zur gewünschten Gemeinde zu kommen, springen Sie am besten auf **Seite 14.** Dort kann die jeweilige Seitenzahl des **Ortsbeginns** abgelesen werden. Auf der linken Seite sehen Sie in der Karte alle relevanten Orte.

2. Verzeichnisse

Sollten Sie einen bestimmten Ort innerhalb einer Gemeinde suchen, unser **Hauptverzeichnis beginnt ab Seite 4.** Zusätzlich haben wir noch ein **Namensverzeichnis ab Seite 256** eingebaut, wo Sie alle Gastronomiebetriebe alphabetisch nach Namen sortiert vorfinden.

3. Die Symbole

Auch in diesem Buch haben wir wieder jeder Gastronomie Symbole zugeordnet, die Ihnen gewisse **Kriterien auf die Schnelle** nahe bringen. Sie finden die kleinen quadratischen Grafiken ganz oben auf der jeweiligen Portraitseite.

 Außenplätze vorhanden

 Übernachtungsmöglichkeit

 Leicht zugänglich

 Optimal für Familienfeste

 Informative Internetseite

 Kinderfreundlich Spielen/Essen

4. Redaktionelle Themen

Natürlich gibt es jenseits der Gastronomieportraits wieder interessante Themen und Infos rund um Haßberge, Steigerwald, Kultur und Freizeit. Eine genaue **Auflistung** finden Sie im Hauptverzeichnis auf **Seite 9.**

Inhalt

Die Gastronomien

Namensverzeichnis ab Seite 256

Die Gastronomien

Inhalt

Fortsetzung von Seite 5 ▶

Die Gastronomien

Namensverzeichnis ab Seite 256

Die Gastronomien

Weiter ▶

Fortsetzung von Seite 7 ▶

Die Gastronomien

IMPRESSUM

© 2011 GuideMedia Verlag, Bamberg
Alle Rechte vorbehalten.

Produktion & Gestaltung: GuideMedia GbR

ISBN-13: 978-3981269352

Grüner Markt 15
96047 Bamberg
Tel.: 0951-5194166
Fax: 0951-2084263
www.guidemedia.de

Redaktion & Navigation

Haftungsausschluss

Der Inhalt des vorliegenden Buches ist nach bestem Wissen, Gewissen und mit Sorgfalt zusammengetragen worden. Für die Korrektheit, Vollständigkeit oder Qualität der bereitgestellten Informationen und des Kartenmaterials kann keinerlei Gewähr übernommen werden. Haftungsansprüche welche sich auf Schäden materieller oder inmaterieller Art beziehen, die durch die Nutzung oder Nichtnutzung der dargebotenen Informationen bzw. durch die Nutzung fehlerhafter und unvollständiger Informationen verursacht wurden, sind grundsätzlich ausgeschlossen.

Willkommen in den Haßbergen und im nördlichen Steigerwald

Südlich des Mains liegt der Steigerwald, dessen nördlicher Teil ebenfalls zum Landkreis Haßberge gehört. Der Mittelgebirgszug Haßberge erstreckt sich nördlich des Mains und erreicht Höhen bis über 500 Meter. Rund um die Haßberge verlaufen die Grenzen des gleichnamigen Naturparks, der insgesamt 20 prähistorische Fliehburgen und Wallanlagen, 15 Burgen und Burgruinen sowie 26 Schlösser vorweisen kann – also Natur und Kultur in Konzentration.

Der Ursprung des Namens **Haßberge** konnte bisher nicht eindeutig geklärt werden. Eine Theorie leitet ihn von dem Stamm der Chatten ab, die ehedem hier siedelten und später Hessen hießen. Eine Zwischenform war Hassi, was eine Verbindung zum Namen Haßberge nahelegt. Andere Forscher leiten den Namen von der Stadt Haßfurt selbst ab, wo eine Hasenfurt, also ein Flußübergang für Angsthasen mit geringem Wasserstand und langsamer Fließgeschwindigkeit. Eine dritte Deutung verweist auf den Fluss Nassach, dessen Tal das Zentrum des frühmittelalterlichen Haßgaues bildete.

Der **Steigerwald** ist das zweitgrößte Laubwaldgebiet Bayerns mit über 70% Buchen im Bestand. Das Mittelgebirge erstreckt sich zwischen den drei fränkischen Regierungsbezirken. Einen hohen Bekanntheitsgrad hat der 1988 ausgewiesene gleichnamige Naturpark Steigerwald, von dem über 13% im Landkreis Haßberge liegen. Das bedeutet für Sie ebenfalls wunderschöne Natur, aber eben auch das Beste aus den Küchen von Unter-, Mittel- und Oberfranken.

Damit wären wir schon beim Thema des vorliegenden Buches. Hauptmerkmal in dieser Hinsicht ist die feine Trennlinie zwischen Wein- und Bierfranken, die sich durch diesen Landstrich zieht. Der Ursprung liegt darin, dass die Würzburger Fürstbischöfe auf den Weinbau setzten, die Bamberger hingegen die Reben abholzen ließen und das Bierbrauen forcierten. Die Grenzen der beiden Bistümer verliefen durch Haßberge

und Steigerwald und wechselten immer wieder ihren Verlauf, je nachdem, wer gerade wieder Besitztümer hinzugewonnen bzw. verloren hatte.

Eine historische Zäsur bildete der Dreißigjährige Krieg, der hier besonders heftig wütete. Soldaten brachten Pest, Vergewaltigungen und Tod - und plünderten die Vorräte gnadenlos aus. Manche Orte wurden in dieser Zeit vollständig von der Landkarte getilgt. In Zeil am Main bildete sich ein Zentrum der Hexenverbrennung heraus. Zwischen 1616 und 1631 wurden viele der insgesamt über 1.000 Menschen, die der Bamberger Bischof Johann Georg II. Fuchs von Dornheim umbringen ließ, in dem kleinen Örtchen verbrannt.

In den entvölkerten Gebieten siedelten sich Schlesier und Böhmen an, deren Familiennamen noch heute im gesamten Bereich geläufig sind. Ein zweiter Schub an Zuwanderung erfolgte in Form der Heimatvertriebenen, die 300 Jahre später nach dem Zweiten Weltkrieg kamen. Bis zu Zeit des Nationalsozialismus stellten die Juden einen hohen Prozentsatz der Bevölkerung, da die Reichsritter gerne so genannte Schutzjuden bei sich aufnahmen. Die mussten Schutzgelder entrichten, dafür, dass sie sich hier niederlassen konnten. Sie finden deshalb viele jüdische Friedhöfe in den Haßbergen. Die 1728/29 in Memmelsdorf (Gemeinde Untermerzbach) errichtete Synagoge ist heute ein Lernort zum fränkischen Landjudentum.

Nach Napoleon kamen Haßberge und Steigerwald komplett an das Königreich Bayern, wodurch sie nun politisch einheitlich regiert wurden. Der heutige Landkreis Haßberge entstand 1972, aus den Landkreisen Ebern, Haßfurt und Hofheim. Es gingen einige Randgebiete an die Kreise Bamberg, Schweinfurt und Coburg verloren, dafür greift der Landkreis im Süden auch in den Steigerwald hinein. Durch die Integration in die Metropolregion Nürnberg sind die Bewohner des Landkreises Haßberge nun Teil dieses neuen Gebildes, aber nur teilweise im Verkehrsverbund VGN. Mit ihm und den anderen öffentlichen Verkehrsmitteln lassen sich viele Sehenswürdigkeiten problemlos auch ohne Auto erreichen.

Wir wünschen auf jeden Fall viel Spaß beim Entdecken und Erforschen – und natürlich guten Appetit in allen hier im Buch vorgestellten Gastronomien!

Mit der Bahn in den Landkreis Haßberge

Alle weiß- und grünfarbigen Bahnhöfe sind mit dem *BAYERN-TICKET* erreichbar.

▬▬	Strecken mit Fern- und Nahverkehr
▬▬	Strecken mit Nahverkehr
▬ ▬	Touristikverkehr *(Zahnrad-, Museums- bzw. Ausflugsbahn, z. T. nur an bestimmten Tagen)*
▬▬	Strecke wird Montag bis Freitag mindestens stündlich bedient *(einzelne Taktlücken möglich)*
▬▬	Strecke wird nicht mindestens stündlich bedient
▬▬	Strecke mit S-Bahn-Verkehr *(mindestens stündlich)*
▬▬	Strecke nur mit Fernverkehr oder außerhalb Bayerns, ggf. sind nicht alle Haltestellen dargestellt
☐	Knotenbahnhof
○	Bahnhof wird Montag bis Freitag mindestens stündlich bedient *(einzelne Taktlücken möglich)*
●	Bahnhof wird nicht mindestens jede Stunde bedient
●	Hier gilt das *BAYERN-TICKET* nicht!

Kursiv gedruckte Bahnhöfe liegen außerhalb von Bayern.

Dargestellt ist die Bedienung im Nahverkehr – Montag bis Freitag – tagsüber pro Richtung. Zusammen mit dem Fernverkehr ergeben sich oft zusätzliche Fahrmöglichkeiten. Die S-Bahnhöfe in München und Nürnberg sind nur teilweise dargestellt.

Copyright: Bayerische Eisenbahngesellschaft mbH
Stand: 14. Dezember 2008 – Alle Angaben ohne Gewähr – Änderungen vorbehalten

Das Bayern-Ticket

Ob Fahrten in der Gruppe oder alleine, mit dem Bayern-Ticket sind Sie in Bayern in den Nahverkehrszügen, in Verkehrsverbünden und in zahlreichen Bussen einen Tag lang günstig mobil. Mit dem Bayern-Ticket Nacht sind bis zu fünf Nachtschwärmer täglich von 18 Uhr bis 6 Uhr des Folgetages unterwegs.

Die Vorteile des Bayern-Tickets:

- Bis zu 5 Personen reisen gemeinsam
- Eltern und/oder Großeltern mit den eigenen Kindern/Enkeln unter 15 Jahren
- Beliebig viele Fahrten im Gültigkeitszeitraum
- Bayern-Ticket Single für Einzelreisende
- Bayern-Ticket Nacht für Nachtschwärmer

Gültigkeit:
Montag bis Freitag von 9 Uhr bis 3 Uhr des Folgetages, Samstag, Sonntag und an gesetzl. Feiertagen von 0 Uhr bis 3 Uhr des Folgetages

Personen:
Gruppen bis zu 5 Personen (ab 6 Jahre) oder ein Eltern-/Großelternpaar oder Eltern/Großeltern (max. 2 Erwachsene) mit beliebig vielen eigenen Kindern/Enkeln unter 15 Jahren
Bayern-Ticket Single für Einzelreisende

Strecke:
Ganz Bayern und österreichisches Außerfern bis Kufstein, Salzburg, Ulm Hbf, Sonneberg (Thür.) sowie die Strecken Hergatz - Kißlegg - Memmingen, Ansbach - Crailsheim und Hasloch (Main) - Lauda - Würzburg

Produkte:
Nahverkehrszüge (2. Klasse) aller Eisenbahnverkehrsunternehmen, Verbundverkehrsmittel (S-, U-, Straßenbahnen, Busse) und fast alle Linienbusse in ganz Bayern.

71

Ermershausen **60**

Maroldsweisach **150**

Untermerzbach **216**

Pfarrweisach **180**

Ebern **34**

Aidhausen **16**

Burgpreppach **21**

Hofheim i. UFr. **94**

Rentweinsdorf **192**

Königsberg i. Bay.

Riedbach **193** **134** Kirchlauter **105**

279

Breitbrunn **19**

Gädheim **61**

Theres

Haßfurt **212** **62** **26**

Zeil/Main

226

Main

Ebelsbach

Knetzgau **110**

Sand/Main **23**

196

Stettfeld **210**

Wonfurt **222**

70

Eltmann **48**

Oberaurach

161

Rauhenebrach **184**

22

Bamberg

Über 200 Mal Genuss -
vom Weingarten bis zum urigen Bierkeller

Gastronomische Höhepunkte sind im Landkreis Haßberge relativ gleichmäßig über die gesamte Landkarte verteilt. Es kann also durchaus einfach einmal mit dem Fahrrad losgefahren werden, eine passende Einkehrstation findet sich in dieser Genussregion so gut wie immer. Auch hat jede Region für die verschiedensten Geschmäcker etwas im Angebot: Italiener, Grieche oder Exoten - hier bleiben keinerlei Wünsche offen.

Gerade für den Sommer haben wir natürlich auch viele Eisdielen und Biergärten im Buch aufgenommen. Die Eis-Zentrale ist hier natürlich Haßfurt, aber auch Orte wie Königsberg oder Hofheim müssen sich in dieser Hinsicht nicht verstecken. In Sachen Bierkeller und Biergärten weiß der Landkreis wirklich zu überzeugen: So müssen sich Highlights wie beispielsweise die Brauerei Göller in Zeil am Main (S. 234), der BergBiergarten in Wülflingen (S. 91), Bauer Roberts Brotzeitkeller in Zeil (S. 229) oder der Roppelt Keller in Trossenfurt (S. 173) weiß Gott nicht vor den benachbarten Bamberger Vertretern verstecken.

Die Weinkultur in den Haßbergen kann vor allem in den vielen traditionellen Heckenwirtschaften und Weingärten genossen werden. Als Einstieg empfehlen wir beispielsweise einen Besuch im wunderschönen Weingarten Gottschalk in Sand am Main (S. 199) oder in der urigen Heckenwirtschaft Eller in Prappach (S. 87).

Gaststätte Zur alten Schmiede

Speisen

Warme Kleinigkeiten. Fränkische Brotzeiten. Warme Gerichte nur auf Bestellung für Festlichkeiten. Spezialität: Schmiedeteller.

Getränke

Biere von der Schloßbrauerei/Reckendorf: Pils vom Fass sowie verschiedene Flaschenbiere. Fränkische Weißweine und französischer Rotwein.

Plätze (innen/außen)

45/40

Unser Tipp
Schmiedeteller

DEN PARK ERFEIERT

Die einzige Gaststätte in Aidhausen wird heute von Gisela und Karl-Heinz Heusinger gemeinsam geführt, die Rente macht's möglich. Deren Vorfahren betrieben in dem Anwesen tatsächlich eine Schmiede. Im Laufe der Jahre hat sich dann eher eine urige Brotzeitkneipe etabliert. Der Park vor dem Haus ist ein Gemeinschaftswerk der Heusingers und ihrer Nachbarn. Nachdem die Gemeinde die Unterstützung verweigerte, wurden schnell drei Dorffeste organisiert, die genügend Mittel einbrachten.

Öffnungszeiten

Mo, Di, Fr und Sa ab 18 Uhr
So und Feiertage ab 17 Uhr
Mi und Do Ruhetag
Für Gruppen auf Vorbestellung auch außerhalb dieser Zeiten geöffnet

Anschrift & Kontakt

Pater-Kraus-Straße 1
97491 Aidhausen
Tel.: 09526-980864

Gasthaus „Zum Schmittbrunnen"

Speisen

Fränkische, bodenständige Küche, auch internationale Gerichte. Verwendung von regionalen Produkten. Fränkische Brotzeiten. Spezialitäten: Rumpsteaks, Schnitzel und Medaillons in verschiedenen Variationen, frische Salatteller.

Getränke

Pils vom Fass. Biere von der Würzburger Hofbräu und von der Brauerei Raab/Hofheim. Fränkische und Pfälzer Weine (weiß und rot). Fränkische Obstbrände aus dem Ort.

Plätze (innen/außen)

120/40

Unser Tipp

Fränkische Obstbrände

FEINES IM KÖNIGSDORF

Seit über 20 Jahren bewirten die Schmitts hier ihre Gäste und legen dabei Wert auf Regionales, sowohl beim Fleisch und Wild, als auch bei den Säften, die von den hauseigenen Streuobstwiesen stammen. Interessant ist auch die Geschichte des Ortes, der aus einer Militärstation entstand und im Dreißigjährigen Krieg schwer zu leiden hatte. Damals wurde die eine Ortshälfte, Unterhappershausen, komplett zerstört. Historisch Interessierte sollten auch einen Blick in die Pfarrkirche St. Oswald werfen, hier gibt es einige Kunstschätze zu sehen.

Öffnungszeiten

Fr und Sa ab 18 Uhr
So und Feiertage ab 10 Uhr
Mo bis Do geschlossen
Für größere Gruppen nach Vereinbarung auch außerhalb dieser Zeiten geöffnet

Anschrift & Kontakt

Am Schmittbrunnen 1
97491 Aidhausen-Happertshausen
Tel.: 09523-7416

Altes Backhaus

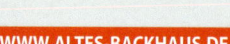

Speisen

Fränkisch-bodenständige Küche. Fränkische Brotzeiten. Spezialitäten: Gänse aus dem Steinbackofen, geräucherte Schweinelende, Brotzeiten mit selbstgebackenem Steinbackofen-Brot, freitagabends Pizza und Zwiebelplotz aus dem Steinbackofen.

Getränke

Biere von der Karmeliter-Bräu/Bad Neustadt (Pils und Dunkles vom Fass), Flaschenbiere von Maisel/Bayreuth sowie Schneiderweisse. Frankenweine (weiß und rot). Diverse Schnäpse und Edelbrände, teilweise aus der Umgebung.

Plätze (innen/außen)

100/80

Unser Tipp

Gänse aus dem Steinbackofen

STEINBACKOFEN-PARADIES

Um das heiße Halbrund dreht sich hier nahezu alles. Denn sowohl das Brot für die Brotzeiten als auch Pizza und Zwiebelplotz, die es jeden Freitag am Abend gibt, oder die ca. 800 jährlich servierten Gänse werden hier gebacken. Ein Dank gilt an dieser Stelle Annemarie und Peter Häpp, die das baufällige Anwesen 1989 kauften und nun ein wahres Kleinod daraus gemacht haben. Peter ist quasi im Nebenberuf Zauberkünstler und unterhält die Kinder der Gäste gerne, die aber auch jede Menge Spielsachen zum Zeitvertreib vorfinden.

Öffnungszeiten

Täglich ab 11 Uhr
Montag Ruhetag

Anschrift & Kontakt

Haßbergstraße 14
97491 Aidhausen-Nassach
Tel.: 09523-5252

Gasthaus Zum Weißen Bock

WWW.WEISSER-BOCK.DE

WO DIE KERWA-TROPHÄE HING

Selten, dass die Namensgebung eines Gasthauses so klar überliefert ist. Vor 30 Jahren hängte man den Kopf des traditionell zur Kirchweih geschlachteten Bocks präpariert im Wirtshaus auf - und schon war der Name geboren. Leider wurde das Wahrzeichen in den 1990ern bei einer Veranstaltung entwendet und ist seitdem nie wieder aufgetaucht. Der Name ist jedoch geblieben, die gute Küche auch. Hinterm Herd steht Maria Zöttlein, ihr Mann Ludwig und der Sohn Stefan helfen ebenfalls mit und sind als Jäger verantwortlich für die Wildgerichte auf der Karte.

Speisen

Fränkische Spezialitäten, die mit besonderen Schmankerln ergänzt werden, saisonal ausgerichtete Karte. Regionale Produkte. Fränkische Brotzeiten. Spezialitäten: Sauerbraten, alles rund ums Wild, gelegentlich hochwertige Steaks.

Getränke

Biere von der Schloßbrauerei Reckendorf: Export, Hefeweizen und Kellerbier vom Fass, verschiedene Flaschenbiere. Frankenweine (weiß, rot und Rotling).

Plätze (innen/außen)

90/100

Unser Tipp
Sämtliche Wildgerichte

Öffnungszeiten

Mo, Do und Fr ab 15 Uhr
Sa, So und Feiertage
ab 11 Uhr
Di und Mi Ruhetag

Anschrift & Kontakt

Neubrunner Weg 2
96151 Breitbrunn
Tel.: 09536-398

Gasthof zum Veitenstein

Speisen

Fränkische Küche, aber auch französische und italienische Gerichte, saisonal angepasst. Sonntags Mittagstisch mit zusätzlicher Karte. Spezialitäten: Fischgerichte, saisonale Gerichte.

Getränke

Verschiedene Flaschenbiere der Schloßbrauerei/Reckendorf. Weiße und rote Frankenweine aus der Zeiler und Sander Gegend.

Plätze (innen/außen)

80/70

Unser Tipp
Französische Rezepte

WO SCHON DIE KELTEN ASSEN

Einen knappen Kilometer von Breitbrunn gelegen findet sich der Veitenstein, ein Fels mit einer Höhle, in der eine keltische Kultstätte entdeckt wurde. Nach dieser Attraktion, die vor Ort jeder kennt, benannten die Gehrings ihren Gasthof, den sie schon seit vielen Generationen betreiben. Ein kleines Überraschungsei ist der Hinterhofgarten. Hier haben die Wirtsleute einfach das Dach der alten Scheune entfernt, die Mauern aber stehen lassen - ein ganz besonderes Biergartenfeeling!

Öffnungszeiten

So ab 11.30 Uhr
Mo bis Sa geschlossen
Für Gruppen nach Anmeldung auch außerhalb dieser
Zeiten geöffnet

Anschrift & Kontakt

Im Lautergrund 11
96151 Lußberg
Tel.: 09536-300

Gasthaus Zum Grünen Tal (Familie Dietz)

FAMILIENBETRIEB MIT KACHELOFEN

Herbert Dietz kümmert sich gemeinsam mit Ehefrau Renate sowie der Tochter Laura und deren Mann um Gasthaus und Gäste. Zu denen gehören auch die meisten der 55 Einwohner des kleinen Ortes. Insbesondere am Sonntag oder auch an kalten Winterabenden, wenn der Kachelofen dem Raum urige Gemütlichkeit verleiht.

Speisen

Warme Gerichte nur auf Bestellung. Hausmacher Brotzeiten. Selbst gebackene Kuchen an den Wochenenden. Spezialitäten: Schinken, hausgemachte Wurstwaren.

Getränke

Verschiedene Flaschenbiere von der Kulmbacher Brauerei: Scheidmantel Pils, Dunkles, Kellerbier, Hefeweizen, alkoholfreies Bier und alkoholfreies Hefeweizen. Frankenweine aus Obereisenheim (weiß und rot).

Plätze (innen/außen)

40/0

Unser Tipp
Hausgemachte Wurstwaren

Öffnungszeiten

Täglich ab 16 Uhr
(wenn Eingang abgeschlossen, bitte klingeln)
Montag Ruhetag

Anschrift & Kontakt

Birkach 4
97496 Burgpreppach-
Birkach
Tel.: 09534-289

Fränkisches Gasthaus Faber-Rädlein

Speisen

Iwinner Bratwürscht mit Kraut. Hausgemachte Brotzeiten und Käsebrote. An allen So zwischen Dreikönig und Palmsonntag fränkisch-bodenständiger Mittagstisch und selbst gebackene Kuchen und Torten. Nach Absprache für Feiern oder Gruppen fränkisch-bodenständige Gerichte. Spezialitäten: Iwinner Bratwürscht mit Kraut, hausgemachte Wurst-Brotzeiten.

Getränke

Biere von der Kulmbacher Brauerei: Kulmbacher Edelherb und Kapuziner Weißbier vom Fass sowie verschiedene Flaschenbiere. Frankenweine (weiß und rot) und ein roter Rheinhessischer Wein. Williams-, Mirabellen- und Zwetschgenschnaps.

Plätze (innen/außen)

195/40

Unser Tipp

Christas fränkischer Sauerbraten

EINMALIGE ERLEBNISSE

Das aktive 200-Seelen-Dorf Ibind hat nicht nur eine bald 800jährige Geschichte, sondern auch jede Menge interessanter Termine zu bieten. Dazu gehört vor allem der zwischen Dreikönig und Palmsonntag jeden Sonntag stattfindende Tauben- und Kleintiermarkt, auf dem seit 1935 allerlei Getier von der Taube über den Pfau bis zum Hamster zu erstehen ist. Dazu gibt es dann die feinen Gerichte aus dem Reich von Christa Rädlein, wie beispielsweise Greedlfläsch, Entenpfeffer oder Hansis Iwinner Rostbratwürste. Hansi ist übrigens Metzger und der Schwager von Christas Sohn Uwe, der ebenfalls zum Familienbetrieb gehört. Auf Absprache arrangiert Uwe für Naturbegeisterte Themenwanderungen im Naturpark Haßberge - natürlich gespickt mit interessanten Hintergrundgeschichten. Weitere wichtige Termine sind die regelmäßigen Wirtshaussingen und die Kirchweih des Ortes im September.

Öffnungszeiten

Täglich ab 9 Uhr
Mittwoch Ruhetag
Gruppen ab 8 Personen
bitte vorher unbedingt
anmelden!

Anschrift & Kontakt

Ibind 6
97496 Burgpreppach-Ibind
Tel.: 09534-200

Gasthaus Pension Klosterhof

WWW.KLOSTERHOF-EBELSBACH.DE

Speisen

Bodenständige, fränkisch-regionale Küche. Frische Produkte. Sonntags Mittagstisch mit verschiedenen Bräten (bitte unbedingt vorher anmelden!). Fränkische Brotzeiten. Spezialitäten: Fränkisches Schäuferle, Rinderroulade, Riesen-Currywurst.

Getränke

Biere von Göller/Zeil am Main: Pils, Kellerbier, Weizen hell, Radler und Dunkelbier vom Fass. Frankenweine (rot und weiß). Hausgebrannte Schnäpse von Schäfer´s Weinscheune/Gleisenau.

Plätze (innen/außen)

110/250

Unser Tipp

Mittagstisch am Sonntag

DER WEG DER KLEINEN SCHRITTE

So bezeichnen Lulu und Frank Kaufhold ihr erstes Jahr seit der Eröffnung 2010. Dabei kehren die beiden allerdings ihr Licht unter den Scheffel. Denn sie haben mit viel Engagement und Liebe ein tolles Kleinod der frischen fränkischen Küche geschaffen. Gemeinsam mit Papa Walter, der 2011 den Biergarten wiedereröffnen will und Sohn Michael nebst Partnerin haben die zwei es geschafft, der erst kürzlich geschlossenen Brauereigaststätte wieder richtiges Leben einzuhauchen. Wir wünschen weiterhin viel Erfolg!

Öffnungszeiten

Di bis Fr ab 16 Uhr
Sa, So und Feiertage
ab 11 Uhr
Montag Ruhetag

Anschrift & Kontakt

Georg-Schäfer-Straße 11
97500 Ebelsbach
Tel.: 09522-708282

23

Las Palmas Ebelsbach

WWW.PENSION-MAINTAL.DE

Speisen

24 verschiedene selbst gemachte Eissorten (nach alten eigenen Rezepten). Hausgebackene Kuchen und Torten. Warme Kleinigkeiten. 20 verschiedene Eisbecher. Spezialitäten: Eiskaffee Las Palmas, Joghurtbecher, Apfelstrudel.

Getränke

Verschiedene Flaschenbiere (z. B. Eschenbacher Bier, Brauerei Göller/Zeil am Main). Fränkische Weine aus der Nachbarschaft (weiß und rot). Verschiedene Kaffeespezialitäten (teilweise auch mit Alkohol).

Plätze (innen/außen)

35/60

Unser Tipp

Eiskaffee Las Palmas

AUS DEM BOXRING AN DIE EISTHEKE

Heinrich Albert konnte alle seine Lebensträume erfüllen - ein wahrhaft glücklicher Mann! In jungen Jahren Hobby-Boxer und Bäckermeister, betreibt er nun zusammen mit seiner Frau Renate und den drei Töchtern mit ihren jeweiligen Familien zwei Hotels, eine Kneipe und die Eisdiele Las Palmas. Herzstück des Angebotes sind die 24 hausgemachten Eissorten, allerdings versteht es sich von selbst, dass auch viele feine Kuchen und andere Backwaren zu der gerne gegessenen Palette des Cafés gehören. Und auch in Sachen Kaffee können die Gäste viele unterschiedliche Kreationen an ihren Tisch kommen lassen.

Öffnungszeiten

Anfang bis Ende Feb.
So ab 10 Uhr
Mo bis Sa geschlossen
März bis Oktober
Täglich ab 10 Uhr
November bis Januar
komplett geschlossen

Anschrift & Kontakt

Stettfelder Straße 4
97500 Ebelsbach
Tel.: 09522-950352
oder -950350

Ristorante-Pizzeria Di Maria

FRANCO, WAS KOCHST DU MIR?

Das ist die klassische Frage bei Franco Di Maria, der seit 30 Jahren seine Gäste glücklich macht. Er lässt sich immer etwas kreatives einfallen und macht auf Bestellung auch Spanferkel gefüllt oder am Spieß - beides ein echter Leckerbissen (allerdings für größere Gruppen, versteht sich). Zwei große Platanen überschatten den Biergarten, der aber immer auch Sonnenscheinplätze hat. Das Ristorante ist übrigens ein Geheimtipp für Fischliebhaber.

Speisen

Italienische Küche. Standardkarte + wöchentlich wechselnde saisonale Karte. Pizza, Pasta (außergewöhnliche Nudelgerichte), Antipasti (Auberginen, Artischocken, etc.), Rumpsteak, ab und zu Bisonsteak. Ab und zu sizilianische Gerichte. Auf Bestellung für Familienfeste auch deutsche Gerichte. Selbst gemachte Desserts. Spezialitäten: Schweinelende gefüllt mit Broccoli, Rindersteak „Tagliada".

Getränke

Biere von der Brauerei Krug/Ebelsbach: Pils und Weizen vom Fass sowie verschiedene Flaschenbiere. Italienische Weine (weiß und rot).

Plätze (innen/außen)

75/150

Unser Tipp

Rindersteak „Tagliada"

Öffnungszeiten

Täglich ab 17 Uhr
So und Feiertage ab 11 Uhr
Montag Ruhetag

Anschrift & Kontakt

Stettfelder Straße 7
97500 Ebelsbach
Tel.: 09522-5616

Gasthaus zur Sonne

Speisen

Fränkische bodenständige Küche. Hausmacher Brotzeiten. Spezialitäten: Pfannengerichte, Hausmacher Wurst, Schlachtschüssel (Anfang Sep. bis Ende März 14-tägig an den Samstagen der ungeraden Wochen).

Getränke

Biere von der Brauerei Wagner/ Kemmern: Pils und Weizen vom Fass sowie verschiedene Flaschenbiere. Frankenweine (weiß und rot). Obstbrände und verschiedene Liköre aus der Region.

Plätze (innen/außen)

76/40

Unser Tipp

Pfannengerichte

SO EIN KÄSE

Ja, sogar der ist hier hausgemacht, neben den Brotzeiten, die Markus Tepina als Metzger traditionell selbst herstellt. In den ungeraden Wochen gibt es deswegen samstags von September bis März immer Schlachtschüssel - allerdings kann man die Wurst auch in Gläsern oder geräuchert mit nach Hause nehmen. Das Fachwerkhaus steht seit über 500 Jahren und ist selbst schon eine Attraktion.

Öffnungszeiten

Anfang Sep. bis Ende März
Mo bis Fr ab 10 Uhr
und jeden 2. Sa von 10 bis
16 Uhr (ungerade Wochen)
restliche Samstage
geschlossen
Sonntag Ruhetag
Anfang Apr. bis Ende Aug.
Mo bis Fr ab 10 Uhr
Sa und So Ruhetag

Anschrift & Kontakt

Georg-Schäfer-Straße 46
97500 Ebelsbach-Gleisenau
Tel.: 09522-7089910

Schäfer`s Weinscheune

WILDSCHWEIN AM SPIESS

Das gibt es zwar immer nur am letzten Juli-Wochenende, sollte aber eigentlich bei Ihnen unter den Pflichtterminen stehen. Schließlich steht der Klassiker von der letzten Seite jedes Asterix-Romanes seit einigen Jahren wieder vermehrt auf der Speisekarte, auch in unseren Breiten. Ein anderes Highlight bei den Schäfers sind die Weinbergswanderungen, die Senior Raimund als „Erlebnisführer" mit viel Liebe zum Detail durchführt. Als Abschluss des Besuches empfiehlt sich ein Schluck aus der hauseigenen Brennerei, zum Beispiel der Winzer Kaffee-Likör.

Speisen

Wöchentlich wechselnde warme Karte mit 5-6 Gerichten. Ca. 15-20 Brotzeiten. Hausgemachter Käsekuchen. Spezialitäten: Hausmacher Wurst, Kochkäse, Gerupfter, Bratwürste.

Getränke

Eigenbauweine (weiß und rot). Verschiedene Brände und Liköre aus eigener Brennerei. Weiherer Bier: Verschiedene Flaschenbiere (Rauch, Keller, Lager, Hefeweizen), im Sommer im Garten Fassbiere. Selbst gemachte Liköre und Brände.

Plätze (innen/außen)

80/100

Unser Tipp

Wildschwein am letzten Juli-Wochenende

Öffnungszeiten

Ganzjährig geöffnet
Mi bis Sa ab 16 Uhr
So und Feiertage ab 14 Uhr
Mo und Di Ruhetag
(Reservierungen werden angenommen)

Anschrift & Kontakt

Kirchstraße 13
97500 Ebelsbach-Gleisenau
Tel.: 09522-950500

Gasthaus Zehendner

Speisen

Verschiedene hausgemachte Brotzeiten, kleine warme Gerichte. Hausgebackene Kuchen, selbst gebackenes Brot. Sonntags Mittagstisch mit verschiedenen Bräten. Spezialitäten: Zwetschgenbames, Hausmacher Bratwürste, blaue Zipfel.

Getränke

Eigene Weine (weiß und rot). Apfelmost von eigenen Streuobstwiesen vom Fass. Biere von der Brauerei Krug/Ebelsbach: Pils vom Fass und verschiedene Flaschenbiere. Verschiedene Obstbrände aus fränkischer Brennerei.

Plätze (innen/außen)

80/25

Unser Tipp

Selbst gemachter Kochkäse mit selbst gebackenem Brot

IM HISTORISCHEN PAVILLON

Das Gleisenauer Schloss dient heute als Grundschule und Verwaltungsgebäude, und so fiel ein Teil des ehemaligen Gartens dem gegenüber liegenden Gasthaus Zehendner zu. Im Sommer sitzt man in dem historischen Pavillon vor dem über 150 Jahre alten Haus wunderbar und hat einen perfekten Blick auf das Ensemble. Aus der Küche kommen selbst gebackenes Brot sowie Fleisch und Wurst von eigenen Schweinen. Kenner sollten sich den vierwöchigen Schlachtschüsseltermin eintragen.

Öffnungszeiten

Mo bis Fr ab 15 Uhr
Mittwoch Ruhetag
Sa ab 14 Uhr
So und Feiertage ab 9 Uhr
Jeden 1. Sonntag im Monat
geschlossen

Anschrift & Kontakt

Obere Eichenleite 2
97500 Ebelsbach-Gleisenau
Tel.: 09522-1831

Gastwirtschaft Käb

Speisen

Essen nur auf Vorbestellung
für Gruppen.

Getränke

Pils vom Fass von Brauerei Kaiser/
Neuhaus und verschiedene
Flaschenbiere von Veldensteiner.
Fränkische Weine (weiß und rot).

Plätze (innen/außen)

50/10

Unser Tipp

Herz Solo

IDEAL ZUM KARTENSPIELEN

Hier ist die Ausrichtung glasklar: Es gibt gutes Bier und genug Platz zum Karten-spielen oder für Stammtischgespräche. Und das gibt es hier auch ausgiebig, auch nachdem Alexander Käb den Laden von seinem Vater übernommen hat. Wer Hunger hat, sollte das vorher wissen und bestellen, dann gibt es auch was zwischen die Kiemen. Manchmal sitzen auch verträumte Pärchen aller Art an den Tischen gegenüber - das ist dann Schachromantik, wenn beide versonnen die jeweils nächsten 50 Züge vorausberechnen...

Öffnungszeiten

Do ab 19 Uhr
Sa und So ab 15 Uhr
Mo bis Mi und Fr Ruhetag

Anschrift & Kontakt

Hauptstraße 39
97500 Ebelsbach-
Rudendorf
Tel.: 09536-230

Gasthaus Hildenbrand-Virnekäs

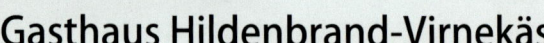

Speisen

Bodenständige, fränkische Küche, Hausmacher Brotzeiten, an Sonn- und Feiertagen meistens selbst gebackene Kuchen auf der Karte, selbst gebackenes Holzofenbrot. Sonntags Mittagstisch mit verschiedenen Bräten. Spezialitäten: Hausmacher Brotzeiten, verschiedene Bräten (So).

Getränke

Eigenbau-Weine, hauptsächlich Müller-Thurgau und Silvaner. Biere von der Veldensteiner Brauerei (Pils und Kellerbier vom Fass, Weizen und alkoholfreies Bier aus der Flasche).

Plätze (innen/außen)

60/50

Unser Tipp

Hausmacher Brotzeiten

EIGENER WEIN AUF DEM TISCH

Robert Virnekäs stellt die dritte Familiengeneration in Steinbach und kann als Nebenerwerbswinzer seinen Gästen sogar Wein aus eigenem Anbau anbieten. Die Dorfwirtschaft des kleinen Ortes liegt zentral und hat sich über die vielen Jahrzehnte ihren gemütlichen Charme erhalten können. Es gibt kaum eine örtliche Feier von der Taufe bis zum Leichenschmaus, die nicht hier abgehalten wird. Im Sommer freuen sich die Gäste auf den schönen Hofgarten und vor allem auf die guten Brotzeiten mit hausgebackenem Holzofenbrot.

Öffnungszeiten

Mi bis Fr ab 15 Uhr
Sa ab 11.30 Uhr
So und Feiertage ab 9 Uhr
Mo und Di Ruhetag
Jedes letzte Wochenende
im Monat geschlossen
(Sa und So)

Anschrift & Kontakt

Schönbacher Straße 2
97500 Ebelsbach-Steinbach
Tel.: 09522-5308

Heckenwirtschaft **Familie Ambros Brech**

WWW.WEINBAU-BRECH.DE

Speisen

Keine warmen Gerichte. Fränkische Brotzeiten. Selbst gebackene Kuchen und Torten. Spezialitäten: Winzerplatte, Schinkenplatte, marinierte Heringe (Fr), weißer Käs.

Getränke

Eigenbau-Weine (weiß und rot).

Plätze (innen/außen)

40/0

Unser Tipp
Winzerplatte

ANNO 1803 ...

... Kaufte die Familie Brech den Weinberg am Steinbacher Nonnenberg. Mittlerweile ist sogar schon die siebte Generation am Werkeln und trotzdem - oder gerade deswegen - haben sich die klassischen Traditionen erhalten. Die Heckenwirtschaft ist außerhalb der Öffnungszeiten das Wohnzimmer der Familie. Und nachdem der Zuspruch immer größer wird, öffnet Ambros Brech im Herbst meistens später als gedacht. Einfach, weil der Wein schon ausgetrunken oder verkauft ist und der Keller erst wieder aufgefüllt werden muss.

Öffnungszeiten

Ab Mitte Sep. für 6 Wochen
Fr ab 17 Uhr
Sa ab 16 Uhr
So und Feiertage ab 15 Uhr
Mo bis Do geschlossen

Anschrift & Kontakt

Schönbacher Straße 10
97500 Ebelsbach-Steinbach
Tel.: 09522-5066
oder 09522-301888

Heckenwirtschaft Hömer

WWW.HOEMER-WEINBAU.DE

Speisen

Hausmacher Bratwürste und Toasts. Hausmacher Brotzeiten. Selbst gebackenes Holzofenbrot. Selbst gebackene Kuchen und Torten. Spezialitäten: Schweine aus eigener Haltung werden zu Wurst und Schinken verarbeitet, marinierte Heringe, Kochkäse.

Getränke

Eigenbau-Weine (weiß und rot).

Plätze (innen/außen)

40/0

Unser Tipp

Hausmacher Bratwürste

AUSGANGSPUNKT FÜR WEINWANDERER

Hier in Steinbach liegt ein idealer Einstiegspunkt für Wanderer, die auf dem Abt-Degen-Steig wandeln möchten. Idealerweise stärkt man sich für die Wanderung, die zwischen 5 und 25 km lang sein kann, noch bei den Hömers und kostet, was man später durchläuft. Zum Wein gibt es feine selbst gemachte Schinken- und Wurstspezialitäten nebst Holzofenbrot und eigener Kuchen- und Tortenproduktion. Abt Degen war übrigens im 17. Jahrhundert der 42. Abt des Zisterzienser-Klosters Ebrach und soll unter anderem für den Anbau des ursprünglich österreichischen Silvaners in Franken verantwortlich sein.

Öffnungszeiten

Feb. bis März und
Sep. bis Okt.
Fr ab 17 Uhr
Sa ab 16 Uhr
So und Feiertage ab 14 Uhr
Mo bis Do geschlossen

Anschrift & Kontakt

Schönbacher Straße 6
97500 Ebelsbach-Steinbach
Tel.: 09522-5842

Heckenwirtschaft Familie **Anne und Georg Karl**

WENN DER METZGER WINZERT ...

... **d**ann kommen nicht nur die Durstigen, sondern vor allem auch hungrige Gäste, die sich auf die selbst gemachten Wurstwaren freuen. Das sorgt dann auch dafür, dass der Laden fast immer komplett gefüllt ist und es in jeder Hinsicht heiß hergeht. Dies wiederum stört auch niemanden, schließlich haben die drinnen Spaß und draußen ist keiner, weil der Hof etwas abseits am Ende von Steinbach liegt und von Wald umgeben ist.

Speisen

Selbst gemachte Bratwürste (Sa, So und Feiertage), verschiedene Toasts. Hausmacher Brotzeiten. Spezialitäten: Hausgemachte Bratwürste (Sa, So und Feiertage), Winzerplatte, selbst gemachter Kochkäse, selbst gemachter Gerupfter, marinierte Heringe (Fr).

Getränke

Eigenbau-Weine (weiß und rot).

Plätze (innen/außen)

35/0

Unser Tipp

Kochkäse und Gerupfter

Öffnungszeiten

1. WE nach Ostern bis einschließlich Pfingstmontag und vorletztes WE im Sep. bis zum letzten WE im Okt.
Fr ab 17 Uhr
Sa, So und Feiertage ab 14 Uhr
Mo bis Do geschlossen

Anschrift & Kontakt

Forststraße 43
97500 Ebelsbach-Steinbach
Tel.: 09522-6159

Weinbau
Heckenwirtschaft
Fam. Georg Karl
Forststraße 43
ca. 400m ←

Gasthof Frankenstuben

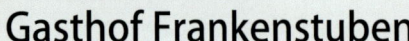
Speisen

Fränkische Spezialitäten mit regionalen Produkten aus der Gegend. Fränkische Brotzeiten. Sonntags Mittagstisch mit verschiedenen Bräten. Spezialitäten: Rückert-Spiess, Saibling gebraten nach Müllerin Art, Wildgerichte aus der Region (saisonal).

Getränke

Weismainer Pülsbräu: Pils, Hefeweizen und im Sommer Kellerbier vom Fass sowie verschiedene Flaschenbiere. Kloster Weltenburg: Verschiedene Flaschenbiere. Schlenkerla Rauchbier. Auswahl an weißen und roten Weinen, hauptsächlich Frankenweine.

Plätze (innen/außen)

150/40

Unser Tipp

Saibling Müllerin Art

AUSGEZEICHNET

Jürgen Stahl kocht mit Bedacht und wählt seine Zutaten sorgfältig aus der regionalen Palette aus. Das hat ihm schon mehrere Medaillen und Auszeichnungen beschert, unter anderem beim Wettbewerb Bayerische Küche oder als familienfreundliches Hotel. Besondere Spezialität sind die frischen Fische aus eigenem Bassin, die Jürgen Stahl auch selbst räuchert. Sollten Sie übrigens eine Übernachtung planen, dann wäre das hier ein perfekter Ort. Schließlich bietet das Haus einen durchdachten Sauna- und Wellnessbereich, wo Sie mal so richtig die Seele baumeln lassen können.

Öffnungszeiten

Mo bis Sa 11 bis 14
und 17 bis 21 Uhr
So und Feiertage ab 11 Uhr
Dienstag Ruhetag

Anschrift & Kontakt

Klein Nürnberg 20
96106 Ebern
Tel.: 09531-8430

Gasthof Post

WWW.GASTHOF-POST-EBERN.DE

Speisen

Gutbürgerliche, fränkische Küche. Mittags täglich wechselnde Gerichte. Hausmacher Brotzeiten. Hausgebackene Kuchen und Torten aus eigener Konditorei. Spezialitäten: Hausmacher Bratwürste, fränkischer Brotzeitteller, Schweizer Schokoladensahne.

Getränke

Verschiedene Biere vom Fass: Mönchshof Schwarzbier, Mönchshof Pils, Kellerbier von der Brauerei Hummel/Merkendorf, Bitburger. Frankenweine (rot und weiß). Verschiedene Edelbrände.

Plätze (innen/außen)

150/60

Unser Tipp

Hausmacher Wurstwaren

GROSSER SPAGAT

Das gibt es auch selten: Hausschlachtung und Konditorei in einem Haus, doch Familie Gall macht's möglich! Und so nimmt es nicht Wunder, dass der Gasthof Post nicht nur für leckere Hausmacher Bratwürste und Brotzeiten, sondern auch für Kuchen, Torten und die beliebte Schweizer Schokoladensahne steht. Im Jahr 2000 wurde das Anwesen komplett renoviert und feierte 2009 stolz seinen 135. Geburtstag. Planen Sie also etwas Zeit für ihren Besuch im gefühlten Mittelpunkt von Ebern ein, damit Sie sowohl zur Kuchen- als auch zur Brotzeit-Zeit am gedeckten Tisch sitzen können.

Öffnungszeiten

Täglich ab 8 Uhr
Do 8 bis 14 Uhr
und ab 17 Uhr
Montag Ruhetag

Anschrift & Kontakt

Bahnhofstraße 2
96106 Ebern
Tel.: 09531-8077

Restaurant Glaubenstein

Speisen

Fränkische Küche. Frische und saisonal angepasste Gerichte. Fränkische Brotzeiten. Selbst gebackene Kuchen und Torten. Spezialitäten: Fränkische Schäuferle, Gänsebrust, fränkischer Spargel.

Getränke

Verschiedene Biere von heimischen Brauereien, z. B. Kellerbier vom Fass von Brauerei Hummel/Merkendorf und Pils vom Fass von Brauerei Kaiser/Neuhaus, weitere verschiedene Flaschenbiere. Frankenweine (weiß und rot). Fränkische Schnäpse.

Plätze (innen/außen)

80/40

Unser Tipp
Fränkische Schäuferle

IN DER ALTEN SCHEUNE

Was der Glaubenstein genau ist, konnten wir leider nicht herausfinden, auf jeden Fall sind nach der vermutlichen Landmarke auch ein Graben und eine Gasse benannt. Michaela Jakob steht hier hinter dem Herd und hat sich schon viele Auszeichnungen des Wettbewerbes Bayerische Küche erkocht. Insbesondere die Steaks und natürlich die Klassiker der fränkischen Küche werden von den Gästen hoch geschätzt. Wer ein bisschen Zeit hat, sollte sich nach den aktuellen Specials erkundigen, wie beispielsweise dem romantischen Valentinstags-Menü oder Oster-Brunch und Martinsgans.

Öffnungszeiten

Täglich ab 17 Uhr
So und Feiertage ab 11 Uhr
Donnerstag Ruhetag

Anschrift & Kontakt

Ritter-von-Schmitt-Straße 6
96106 Ebern
Tel.: 09531-6900

Restaurant-Café-Bistro „Weitblick"

VOM KIOSK ZUM RESTAURANT

Seit 2000 haben Jürgen Zürl und sein „Weitblick" einen Bilderbuchstart hingelegt. Aus einem kleinen Kiosk entwickelte sich nach und nach ein richtiges Restaurant, sogar die Badetour eines großen Fernsehsenders war bereits mit über 8.000 Gästen hier. Um hier essen zu können, müssen Sie durch den Freibadeingang. Allerdings ist der Weg zur Speise natürlich kostenfrei und wenn das Bad geschlossen ist, gibt es einen Extra-Eingang. Seit 2010 verfügt der Laden sogar über einen eigenen Wintergarten.

Speisen

Verschiedene Salate, verschiedene Gerichte mit Kurzgebratenem, Cordon Bleu und verschiedene Schnitzel, Kindergerichte. Im Sommer selbst gebackene Kuchen und Torten. Spezialitäten: Argentinisches Rumpsteak, Serrano-Schinken (aus der Keule geschnitten).

Getränke

Biere von der Schloßbrauerei/Reckendorf: Kellerbier, Hefeweizen und Pils vom Fass sowie Flaschenbiere. Kleine Auswahl an Franken- und auch internationalen Weinen (weiß und rot).

Plätze (innen/außen)

140/200

Unser Tipp

Argentinisches Rumpsteak

Öffnungszeiten

Mitte Mai bis Mitte Sep.
Täglich ab 10 Uhr (bei schönem Wetter)
Mitte Sep. bis Mitte Mai
Täglich ab 17 Uhr
So 11 bis 14 Uhr
und ab 17 Uhr

Anschrift & Kontakt

„Weitblick am Freibad Ebern"
Losbergstraße 25
96106 Ebern
Tel.: 09531-943875

Ristorante Pizzeria Lieferservice Luis

Speisen

Italienische (Pizza, Pasta, Salat, frische Calamares) und deutsche Küche (überbackene Schnitzel), aber auch Gyros. Auf Bestellung ab 6 Personen gibt es auch Paella. Sonntag nachmittags im Sommer selbst gebackene Kuchen und Torten. Spezialitäten: Pizza (die beste in Ebern), überbackene Schnitzel.

Getränke

Kellerbier und Pils vom Fass von der Schloßbrauerei/Reckendorf. Verschiedene Flaschenbiere (Paulaner, Leikeim, Schlenkerla, Schloßbrauerei/Reckendorf). Italienische und deutsche Weine (weiß und rot).

Plätze (innen/außen)

30/70

Unser Tipp

Pizza

PAELLA FÜR GRUPPEN

Eigentlich ist es schade, dass Luiz Martinez sich der italienischen Küche verschrieben hat, schließlich hätten die Haßberge auch einen guten Spanier verdient gehabt. So allerdings beschränkt sich das iberische Angebot auf eine feine Paella, die Luiz für Gruppen ab sechs Personen und nach Voranmeldung zubereitet. Ansonsten stehen Pizza, Pasta und Schnitzel auf dem Programm, natürlich auch sehr gut, die meisten Gäste meinten, es wäre die beste Pizza in Ebern. Bis 2009 hatte Luiz übrigens gemeinsam mit Partnerin Andrea Poschert die Pizzeria Kleeblatt am Marktplatz, doch dann konnte er sich seinen Traum vom Biergarten erfüllen, und die beiden zogen ins Industriegebiet um.

Öffnungszeiten

Täglich ab 17 Uhr
Dienstag Ruhetag

Anschrift & Kontakt

Kapellenäcker 1 - Einfahrt gegenüber der Eiswiese
96106 Ebern
Tel.: 09531-1310

Restaurant und Bar Veracruz

WWW.VERACRUZ-EBERN.DE

Speisen

Mexikanische Küche (Spareribs, Fajitas, etc.), Salate. 1 x im Monat mexikanisches Buffet (sonntags ab 12 Uhr). Alle 14 Tage sonntags fränkische Küche (ab 11.30 Uhr). Spezialitäten: Fajitas, Beafsteak Borracho.

Getränke

Biere von Keiler/Lohr am Main: Pils und Hefeweizen vom Fass sowie verschiedene Flaschenbiere. Verschiedene mexikanische Flaschenbiere. Mexikanischer roter trockener Wein. Alle Sorten Tequila.

Plätze (innen/außen)

85/30

Unser Tipp

Handgemachte Picaditas

HIER WIRD MEXIKO GELEBT

Schon seit zwölf Jahren ist Linda Maria Wohlfarth-Ortiz in Deutschland und hat sofort begonnen, ihre vielen Fähigkeiten in den Dienst ihrer Mitbewohner zu stellen. In dem liebevoll dekorierten mexikanischen Restaurant bereitet sie eine spannende Palette rund um Tacos, Buritos und Fajita zu, bietet aber auch ihre Spezialität Picaditas an - handgemachte Tortillas. Des weiteren bringt sie Bewegungslustigen die Kunst des Salsa-Tanzens bei, nähere Infos können Sie ja bei Ihrem nächsten Besuch einholen.

Öffnungszeiten

Täglich ab 17 Uhr
1 x monatlich So ab 12 Uhr (mexikanisches Buffet, Termine nach Bekanntgabe)
Alle 14 Tage So ab 11.30 Uhr (ungerade Wochen, fränkische Küche)
Montag Ruhetag

Anschrift & Kontakt

Marktplatz 18
96106 Ebern
Tel.: 09531-944914

Ristorante-Pizzeria Bella Sicilia

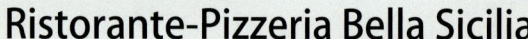

Speisen

Italienische Küche (Pizza, Pasta, Fisch-, Fleischgerichte, Salate), aber auch deutsche Gerichte (Schnitzel), italienische Antipasti. Italienische Desserts (an den Wochenenden und an den Feiertagen), im Sommer original italienisches Eis. Spezialitäten: Frischer Fisch und hausgemachte Nudeln (ab und zu), frische Muscheln (saisonal).

Getränke

Paulaner Hefeweizen (im Sommer aus dem Fass), Bitburger (im Sommer aus dem Fass) und verschiedene Flaschenbiere. Italienische Weine (weiß, rot und rosé).

Plätze (innen/außen)

85/100

Unser Tipp

Hausgemachte Nudeln

DIE SPECKE

So heißt das kleine Örtchen, in dem die Pizzeria Bella Sicilia liegt. Hier machte einst schon Friedrich Rückert Station, weswegen auch regelmäßig Wanderer auf dem Friedrich-Rückert-Weg hier einkehren. Angelo Ilardo ist ein waschechter Sizilianer. Bei ihm kann man richtig gut schlemmen, im Sommer im Schatten der uralten Linden und Kastanien mit Traumblick auf das alte Fachwerkhaus. Besonders schön ist es für Familien, weil der große Spielplatz in einem abgeschlossenen, gut einsehbaren Bereich liegt, wo sich die Kleinen so richtig austoben können.

Öffnungszeiten

Sep. bis Ende Apr.
Mo bis Sa ab 17 Uhr
So und Feiertage 11 bis 14
Uhr und ab 17 Uhr
Donnerstag Ruhetag
1. Mai bis Sep.
Mo bis Sa ab 17 Uhr
So und Feiertage 11 bis 14
Uhr ab 17 Uhr
Auf Anfrage auch außerhalb
dieser Zeiten geöffnet

Anschrift & Kontakt

Specke 1
96106 Ebern-Eyrichshof
Tel.: 09531-5150

Gastwirtschaft Hümmer

HIGHLAND CATTLE

Peter Hümmer bereicherte seine Gastwirtschaft um eine ganz besondere Attraktion: Er baute eine eigene Hochlandrind-Zucht auf, deren Fleisch die Speisekarte um feine Spezialitäten bereichert. Gemeinsam mit Oma Hümmer steht Peter am Herd und bereitet Steaks & Co. genauso gut wie übrigens auch klassische bodenständige fränkische Gerichte zu. Das sorgt insbesondere am Wochenende dafür, dass viele kulinarische Pilger nach Jesserndorf kommen und sich ihr spezielles Festtagsmahl gönnen.

Speisen

Fränkisch-deftig-bodenständige Küche. Sonntags 5-8 warme Gerichte, unter der Woche warmes Essen nur auf Bestellung. Hausmacher Brotzeiten. Spezialität: Fleisch von schottischen Hochlandrindern aus eigener Zucht.

Getränke

Biere von der Schloßbrauerei/ Reckendorf: Export vom Fass, restliche Sorten aus der Flasche. Würzburger Hofbräu: Werner Hefeweizen. Münchener Löwenbräu: Alkoholfreies. Kleine Auswahl an weißen und roten Weinen (hauptsächlich Frankenweine).

Plätze (innen/außen)

40/20

Unser Tipp

Fleisch von schottischen Hochlandrindern aus eigener Zucht

Öffnungszeiten

Täglich ab 11 Uhr
Montag Ruhetag

Anschrift & Kontakt

Dorfplatz 1
96106 Jesserndorf
Tel.: 09531-6508

Weingarten Jesserndorf

Speisen

Saisonal ausgerichtete Karte, hochwertige, regionale Produkte. Wöchentlich wechselnde Karte.

Getränke

Große Weinauswahl: Frankenweine, deutsche und auch europäische Weine (weiß, rot, rosé und Rotling). Verschiedene Flaschenbiere von der Brauerei Zehendner/ Mönchsambach. Edelbrände und Liköre aus der Gegend.

Plätze (innen/außen)

40/40

Unser Tipp

Saisonale Küche

WEIN IN DER TÖPFEREI

Eigentlich war es nur ein gastronomisches Experiment, als Töpfermeisterin Barbara Zehender und ihr Mann Günter Stahlhacke vor einigen Jahren anfingen, aus gelegentlichen Veranstaltungen eine regelmäßige Bewirtung zu machen. Heraus kam der Weingarten, der mit dem ehemaligen Nebengebäude der Töpferei nun auch über einen Innenraum verfügt. Trotzdem bleiben Kunsthandwerk und Events die tragende Säule der beiden, der Weingarten ist momentan noch eher ein Geheimtipp für Kenner, aber das wird sich wahrscheinlich spätestens mit diesen Zeilen ändern ...

Öffnungszeiten

Do, Fr und Sa ab 17 Uhr
So bis Mi Ruhetag
Für Gruppen, Feiern und private Veranstaltungen nach Anmeldung auch außerhalb dieser Zeiten geöffnet

Anschrift & Kontakt

Dorfplatz 6
96106 Ebern
Tel.: 09531-8895

Gasthaus Hohler Stein

Fränkische Brotzeiten.

Getränke
Bier von der Schloßbrauerei/
Reckendorf: Pils vom Fass, weitere
Sorten aus der Flasche.

Plätze (innen/außen)
30/0

Unser Tipp
Hausmacher Platte

AUF GUT GLÜCK

So sollten Sie hier Ihren Besuch planen bzw. am besten vorher anrufen. Denn das Gasthaus ist nun in der siebten Familiengeneration angekommen und Herbert Schramm mit seiner Frau im Ruhestand. Bis ihr Sohn das Ruder richtig übernimmt, machen die beiden eben auf, wann es für sie Sinn macht. Der Name „Hohler Stein" kommt übrigens von einem ausgehöhlten Felsen, etwa zehn Kilometer entfernt im Wald gelegen.

Öffnungszeiten
Geöffnet nach Bedarf

Anschrift & Kontakt
Bürgerwaldstraße 7
96106 Reutersbrunn
Tel.: 09531-293

Restaurant-Garni „bei Peppo"

WWW.BEI-PEPPO.DE

Speisen

Italienische (Pizza, selbstgemachte Pasta, Salate, Fleisch- und Fischgerichte) und Südtiroler Küche (Schlutzkrapfen, Gerstensuppe, Käsenocken, Herrenfleisch). Verschiedene Desserts. Spezialitäten: Hausgemachte Nudeln, Knödel, frischer Fisch, im Sommer Pizza aus dem Holzofen.

Getränke

Biere von der Schloßbrauerei/ Reckendorf: Hefeweizen, Kellerbier und Pils vom Fass sowie weitere Flaschenbiere. Italienische, südtiroler und fränkische Weine (weiß, rot und Rotling). Diverse Grappe.

Plätze (innen/außen)

120/160

Unser Tipp
Hausgemachte Nudeln

SÜDTIROLER ORIGINAL

Guiseppe Poli, genannt Peppo, hat eine komplette Südtiroler Bauernstube nach Sandhof gebracht. Natürlich darf die gute Holzofenpizza nicht fehlen, aber dann kommt eben noch das gewisse Etwas aus der Südtiroler Küche: Schlutzkrapfen, Herrenfleisch etc. und leckere Desserts. Mittlerweile hat sein Sohn Christian das Ruder übernommen, ist aber der Tradition seines Vaters treu geblieben und steht sogar selbst hinterm Herd. Ein echter Geheimtipp!

Öffnungszeiten

Täglich 11.30 bis 14 Uhr
und ab 17 Uhr
Montag Ruhetag

Anschrift & Kontakt

Sandhof 1
96106 Ebern-Sandhof
Tel.: 09531-5476

Kaiser`s Restaurant

BÄLLEBAD UND DISCO

Die Kleinen finden hier ein eigenes Spielzimmer mit Rutsche, Bällebad und Playmobilfiguren. Die Jugendlichen hingegen kommen meist in den ersten Stock, wo jeden Samstag Abend Party im U-Night angesagt ist. Zwischen diesem Spagat findet die klassische Gästebewirtung statt, die sich aber eher auf schnelle Gerichte um Pizza, Schnitzel und Pasta dreht. Wichtigster Einsatz für Karin und Stefan Kaiser ist das Eberner Altstadtfest am Wochenende vor Sommerferienbeginn, das die beiden ausrichten.

Speisen

Speisekarte von Pizza bis Steak, frische Salate, Pasta-Gerichte, Schnitzel, Schinkenbrot, Schinkenplatte, Käsebrot, Wurstsalat. Saisonale Gerichte. Spezialitäten: Kaiser's Salat, Pizza Kalitos auf Salat.

Getränke

Biere von der Brauerei Leikeim/Altenkunstadt: Pils, Hefeweizen und Kellerbier (im Sommer) vom Fass. Leikeim Steinbier und andere Biere (z. B. Beck`s oder Desperados) aus der Flasche. Fränkische Weine (weiß und rot), aber auch italienischer und französischer Wein.

Plätze (innen/außen)

130/70

Unser Tipp

Kinderparadies

Öffnungszeiten

Täglich ab 17 Uhr
Dienstag Ruhetag

Anschrift & Kontakt

Breitenbachstraße 12-14
96106 Unterpreppach
Tel.: 09531-5433

Kunst und Kultur im Landkreis

WWW.HASSBERGE-TOURISMUS.DE

Unsere Tipps:

Burgpreppach

Ausstellung „Nostalgie der 50er Jahre"
im Rathaus Burgpreppach
Telefon: 09536-272
Öffnungszeiten: So 13-17 und nach Vereinbarung

Ebern

Heimatmuseum
Marktplatz 42
Telefon: 09531-62914 oder -4756
www.heimatmuseum-ebern.de
Öffnungszeiten: So und Feiertage 13.30 - 17 Uhr
Führungen für Gruppen nach Vereinbarung

Eltmann

Heimatmuseum
Brunnenstraße 4, 97483 Eltmann
Telefon: 09522-7944
Öffnungszeiten: Mitte Mai bis Mitte November
Sonntags 14 bis 16 Uhr
Führungen ganzjährig, nach Voranmeldung auch werktags

Hofheim in Unterfranken

Rotkreuz-Museum
im Goßmannsdorfer Tor
Besichtigung nur nach Vereinbarung
Kontakt: 09523-323 oder 09523-6313

Kirchlauter

Schmiedemuseum
Kontakt: Verwaltungsgemeinschaft Ebelsbach
Telefon: 09522-7250 oder 09536-352
Öffnungszeiten: nach vorheriger Anmeldung, Besichtigung mit aktivem Schmiedebetrieb

Königsberg in Bayern

Regiomontanus-Ausstellung
Im Rathaus
Marktplatz, 97486 Königsberg i. Bayern, Telefon: 09525-9222-0
Öffnungszeiten: Mo bis Fr 8 - 12 Uhr und Mo bis Di von 13.30 - 17 Uhr

Unfinden (Stadt Königsberg in Bayern)

Gerätesammlung
Schönaustraße 2, 97486 Königsberg i. Bayern
Telefon: 09525-1555
Öffnungszeiten: nach Vereinbarung

Mechenried (Gemeinde Riedbach)

Feuerwehrmuseum
ehemalige Schule
Kontakt: Gerhard Kalnbach, Schustergasse 2, Uchenhofen, 97437 Haßfurt, Tel.: 09526-1654
Öffnungszeiten: Mai bis Okt. jeden 1. Sonntag/Monat 14 - 17 Uhr & nach Vereinbarung

Oberschwappach (Gemeinde Knetzgau)

Museum Schloss
Kontakt: Gemeinde Knetzgau, 97478 Knetzgau, Telefon: 09527-79-0
www.knetzgau.de
Öffnungszeiten: April bis Oktober Sonntag von 14 - 17 Uhr
Gruppenführungen nach Anmeldung

Pfarrweisach

Burgenkundliche Ausstellung
Burgruine Lichtenstein
Kontakt & Führungen: Heimatverein Pfarrweisach, Horst Ruhnau, Ringstraße 4,
96176 Pfarrweisach, Telefon: 09535-602
Öffnungszeiten: April bis Okt. täglich 10 - 19 Uhr, Nov. bis März täglich 10 - 17 Uhr

Nassach (Gemeinde Aidhausen)

Oldtimer- und Gerätemuseum
Kontakt: Steffen Hesse, Wiesenstraße 7, 97461 Hofheim i. Unterfranken
Telefon: 09523-7995

Untermerzbach

Waagensammlung
Kontakt: KOMM Untermerzbach, Bachgasse 2, 96190 Untermerzbach, Tel.: 09533-982314
Öffnungszeiten: Mo, Mi, Fr von 9 - 11 Uhr, Di und Fr von 15 - 17 Uhr, Do von 16 -18 Uhr

Zeil am Main

Photo- und Filmmuseum
Kontakt: 09524-949-0
Öffnungszeiten: jeden Sonntag von 13 - 17 Uhr
Gruppen ab 10 Personen auch werktags nach Anmeldung

Hotel Landgasthof Wallburg

WWW.HOTELWALLBURG.DE

Speisen

Fränkische, sowohl gutbürgerliche als auch gehobene Küche. Saisonale Gerichte. Sonntags Mittagstisch mit verschiedenen Bräten. Fränkische Brotzeiten. Spezialitäten: Lammhüftsteak, diverse Schnitzel, Steaks.

Getränke

Biere von Veldensteiner: Pils, Landbier und Weizen vom Fass, verschiedene Flaschenbiere. Ausschließlich fränkische Weine aus dem Abt-Degen-Weintal (rot, weiß und Rotling).

Plätze (innen/außen)

75/80

Unser Tipp
Lammhüftsteak

SANDRA UND IHR LANDGASTHOF

2011 feiern Familie Aumüller und der Landgasthof Wallburg 60jähriges Jubiläum. Die Großeltern von Sandra, die heute verantwortlich zeichnet, erbauten das Haus 1951. Schnell wurde es ein Magnet für Haßfurter und Urlauber, was sich bis heute kaum geändert hat. Im Gegensatz zum Gasthof, der von Sandra 2008 ein neues Gesicht inklusive neuem Biergarten bekam und seitdem noch mehr Wärme und Gemütlichkeit ausstrahlt. Auch die Küche folgt der Philosophie „Tradition mit Herz", bietet also die klassischen fränkischen Bräten, aber auch Lammsteaks und gute Brotzeiten.

Öffnungszeiten

Täglich ab 16.30 Uhr
So und Feiertage 11 bis
14.30 Uhr und ab 16.30 Uhr
Donnerstag Ruhetag

Anschrift & Kontakt

Wallburgstraße 1
97483 Eltmann
Tel.: 09522-6011

Café Auszeit

MIT ESSBAREN TÜRMCHEN

Das Stadtjubiläum Eltmanns animierte 2010 die Oppelts, eine neue Spezialität einzuführen: Die Wallburg-Türme. Das Mürbteiggebäck hatte sich schnell einen Platz im Herzen der Einwohner gesichert und bliebt damit auch über das 675jährige Jubelfest hinaus im Sortiment. Drinnen haben vor allem die vielen Farben das Sagen, zwischen denen dann auch die buntesten Torten- und Kuchenkreationen zumindest optisch kaum mehr auffallen. Geschmacklich brillieren sie umso mehr, es kommen sogar Bamberger extra für diesen Hochgenuss an den Eltmanner Marktplatz.

Speisen

Hausgebackene Torten (saisonal variierend), Gebäck, täglich ein warmes wechselndes Gericht, im Sommer Eiscreme (ohne Konservierungs- und Zusatzstoffe) vom Eiscafé de la Luna aus Königsberg. Spezialitäten: Schwarzwälder Kirsch-Torte, Schoko-Bananen-Torte.

Getränke

Latte Macchiato, Espresso, Cappuccino, Milchkaffee, normaler Kaffee (Spezialröstung von kleiner Rösterei in Schweinfurt, wird extra für das Café Auszeit geröstet). Verschiedene Flaschenbiere von Göller/Zeil (Weizen, Pils, Dunkles, Keller, Alkoholfreies). Weine (rot, weiß und rosé) und Secco vom Weinhaus Nüsslein in Zeil.

Plätze (innen/außen)

70/10

Unser Tipp
Schwarzwälder Kirsch-Torte

Öffnungszeiten

Mo bis Fr 6 bis 18 Uhr
Sa 6 bis 12 Uhr
So 13 bis 17 Uhr

Anschrift & Kontakt

Marktplatz 6
97583 Eltmann
Tel.: 09522-708191

Café Sauer - Der Stadtkonditor

Speisen

Warme Snacks (z. B. Pizzazunge, Wienerle im Blätterteig, etc.), auf Wunsch auch Leberkäse und Wienerle vom Metzger gegenüber. Hausgebackene Kuchen und Torten. 12 Sorten italienisches Eis. Spezialitäten: Krapfen zur Saison, Käsekuchen, Sahnetorten.

Getränke

Verschiedene Kaffeespezialitäten und Tees. Frankenweine (weiß und rot). Verschiedene Flaschenbiere von heimischen Brauereien.

Plätze (innen/außen)

50/8

Unser Tipp

Käsekuchen

WAHRE HANDWERKSTRADITION

Frank Sauer vertritt wohl mindestens die fünfte Generation der Konditorenfamilie mitten in Eltmann. Der feine Laden ist der Mittelpunkt für alle Schokoladenfreaks des Ortes, weswegen man hier jeden, vom Schüler bis zum Rentner antreffen kann. Die versorgen sich dann mit den guten Kuchen und Torten, die Frank Sauer sowohl mit den alten Rezepten als auch mit den alten Gerätschaften seines Opas herstellt. Wer die Leckereien nicht nach Hause mitnehmen möchte (der Partner muss ja nicht jede Sünde kennen ...), kann sie auch direkt vor Ort im kürzlich neu renovierten Café der Konditorei genießen.

Öffnungszeiten

Täglich 6 bis 18 Uhr
Sa 6 bis 17 Uhr
So ab 9.30 bis 18 Uhr

Anschrift & Kontakt

Schottenstraße 1
97483 Eltmann
Tel.: 09522-303

China Restaurant Wong

ELTMANNS CHINATOWN

Die erstreckt sich zwar nicht viel weiter als in diesem Restaurant, dafür liegt es aber voll im wiedergefundenen Trend der Zeit. Es gibt die klassischen Gerichte, die man auch aus anderen China-Lokalen kennt und auch in sehr guter Qualität. Interessant ist, dass die chinesische Küche den gleichen Wandel wie einst die italienische durchmacht. Sie wird angepasst. So finden Sie in keinem Lokal im Reich der Mitte ein Chop Suey oder ähnliches, außerdem gibt es riesige Unterschiede zwischen der Küche im Norden wie Peking und dem Süden wie Hongkong. Wie auch immer, hier können Sie auf jeden Fall schon mal mit dem Reinschmecken prima anfangen!

Speisen
Chinesische Küche: Suppen, Vorspeisen, Fleisch- und Fischgerichte, Gerichte mit Meeresfrüchten.

Getränke
Verschiedene Biere und Weine. Große Getränkeauswahl.

Plätze (innen/außen)
200/20

Unser Tipp
Speisen auch zum Mitnehmen

Öffnungszeiten

Täglich 11 bis 22 Uhr
Montag Ruhetag

Anschrift & Kontakt

Marktplatz 14
97483 Eltmann
Tel.: 09522-304846

Gaststätte Mainterrasse

Speisen

Kleine warme Gerichte, verschiedene fränkische Brotzeiten, hausgebackene Kuchen und Torten.

Getränke

Weizen und Pils vom Fass sowie verschiedene Flaschenbiere (von verschiedenen fränkischen Brauereien). Frankenweine (weiß und rot). Kaffee, Cappuccino, Latte Macchiato.

Plätze (innen/außen)

50/40

Unser Tipp

Hausgebackene Kuchen und Torten

STAMMTISCH AUF DER TERRASSE

Die Mainterrasse kommt auf den ersten Blick etwas unscheinbar daher, wenn man aber erst mal angekommen und von den Stammgästen „beschnuppert" worden ist, dann ist es ein tolles Erlebnis. Gute Brotzeiten, die nette Bedienung durch Sieglinde Beck, ihren Mann und ihre Mutter sowie rustikales Flair auf der weinumrankten Terrasse (der Namensgeberin des Gasthauses) machen immer wieder Lust auf's Wiederkommen.

Öffnungszeiten

Täglich ab 9 Uhr
Dienstag Ruhetag

Anschrift & Kontakt

Landrichter-Kummer-Str. 22
97483 Eltmann
Tel.: 09522-80247

Ristorante Verona

Speisen

Internationale Küche: italienische (Pizza, Pasta, Salate), deutsche (z. B. Schnitzel) und auch einige französische Gerichte. Spezialität: Fischgerichte.

Getränke

Pils vom Fass von der Brauerei Kaiser/Neuhaus. Verschiedene Flaschenbiere von Veldensteiner. Italienische Weine (rot und weiß).

Plätze (innen/außen)

70/45

Unser Tipp
Fischgerichte

DAS PIZZA-ZENTRUM

Mitten im Ort gelegen, versorgt das Ristorante Verona nicht nur die vielen Stammgäste, sondern auch die vorbeischlendernden Touristen und weitere Zufallsgäste mit guter italienischer Küche. Vielleicht als kleine Entschuldigung, weil Hamiti Gazmend die Stadt Verona als Namensgeberin genommen hat und nicht die Partnerstadt von Eltmann, Saint-Paul-Trois-Châteaux (nördlich von Avignon), bietet er auch einige französische Gerichte an, die wir Ihnen auch wärmstens ans Herz legen.

Öffnungszeiten

Täglich ab 17 Uhr
Dienstag Ruhetag

Anschrift & Kontakt

Kleinhenzstraße 10
97483 Eltmann
Tel: 09522-304110

Weißes Kreuz

Speisen

Fränkische Küche, frische und regionale Produkte, saisonbedingte Karte. Sonderwünsche werden gerne erfüllt. Sonntags Mittagstisch mit verschiedenen Bräten. Fränkische Brotzeiten. Spezialitäten: Täglich frische Forellen, verschiedene Fischgerichte, verschiedene Bräten und Schäuferle (So).

Getränke

Biere von der Brauerei Tucher: Pils vom Fass sowie verschiedene Flaschenbiere, Zirndorfer Kellerbier. Frankenweine aus der Region (rot und weiß).

Plätze (innen/außen)

70/0

Unser Tipp

Sonntags verschiedene Bratengerichte

NACH OMAS REZEPTEN

Hier steht die ganze Familie hinter Herd und Tresen und steht ihren Mann bzw. ihre Frau. Heraus kommen dabei liebevoll angerichtete Schmankerln, die auch gerne nach individuellen Wünschen abgeändert werden. Klar, dass sich die Familie nach fünf Generationen ein breites Stammpublikum erarbeitet hat, allerdings wird auch jeder Neuankömmling so behandelt, als gehöre er ebenfalls schon zum Inventar - was auch durchaus passieren kann in der liebenswürdigen Gaststätte. Besonders zu empfehlen sind die Fischgerichte, unter anderem täglich frische Forellen.

Öffnungszeiten

Täglich ab 10 Uhr
Donnerstag Ruhetag
Für Gruppen ab 15 Personen nach Anmeldung auch außerhalb dieser Zeiten geöffnet

Anschrift & Kontakt

Zinkenstraße 2
97483 Eltmann
Tel.: 09522-397

Leo Thein - Brauerei mit Biergarten

Speisen

Fränkische Küche. Nur Brotzeiten, selbstgebackenes Holzofenbrot, warmes Essen nur auf Vorbestellung. Schlachtschüssel und warmes Essen werden in der Lokalzeitung vorangekündigt (Di), am Mittwoch gibt es dann Schlachtschüssel und am Sonntag darauf warmes Essen (3 Gerichte, bitte vorbestellen). Spezialität: Essen aus dem Holzbackofen (Enten und Haxen).

Getränke

Eigenes Bier: Lagerbier, Pils, Dunkles, unfiltriertes Lager vom Fass.

Plätze (innen/außen)

65/70

Unser Tipp
Schlachtschüssel

ROMANTIK IM WALD

Im kleinen Lembach leben etwa 200 Einwohner, und die treffen sich regelmäßig in ihrer Brauereigaststätte hinter dem schmiedeeisernen Tor (Der Hof ist im Sommer ein wunderschöner Biergarten). Nicht nur das Bier stammt hier aus eigener Herstellung, aus dem Holzbackofen kommen sowohl das hauseigene Brot für die feinen Brotzeiten als auch frisch zubereitete Enten und Haxen. Zudem gibt es regelmäßig Schlachtschüssel (die Termine sollten Sie telefonisch erfragen) und jeden Freitag den legendären selbstgemachten Ziebeleskäse mit Pellkartoffeln.

Öffnungszeiten

Täglich ab 9 Uhr
Mo und Di Ruhetag

Anschrift & Kontakt

Steinhauserstraße 28
97483 Eltmann-Lembach
Tel.: 09549-391

Gaststätte Salim

Speisen

Griechisch-deutsche Küche. Kuchen und Torten auf Bestellung. Sonntags Mittagstisch. Speziali- täten: Gyros, Calamares, Souvlaki, Schnitzel, Cordon Bleu.

Getränke

Pils vom Fass von der Brauerei Kaiser/Neuhaus. Verschiedene Flaschenbiere von Veldensteiner. Griechische und fränkische Weine (weiß und rot).

Plätze (innen/außen)

65/60

Unser Tipp
Souvlaki

DORFKNEIPE MIT GYROS UND TORTEN

Ahmed Salim bietet ein buntes Cross-Over an griechischer und deutscher Küche, selbst Sahnetorten bäckt er auf Bestellung. Damit beglückt er die Limbacher, die in seiner Gaststätte das letzte kulinarische Refugium des Ortes haben und hier auch regelmäßig zusammen kommen. Einziges Manko sind die Bürokraten. Die haben nämlich bestimmt, dass aus Lärmschutzgründen im eigentlich 80 Personen fassen- den Biergarten nur noch 13 Personen sitzen dürfen. Wenn da mal keine Erbsenzäh- ler am Werk waren ...

Öffnungszeiten

Di bis Fr ab 17 Uhr
Sa ab 14 Uhr
So ab 10 Uhr
Montag Ruhetag
Für Gruppen auf Bestellung
auch außerhalb dieser
Zeiten geöffnet

Anschrift & Kontakt

Hauptstraße 31
97483 Eltmann-Limbach
Tel.: 09522-487

Landgasthof Schramm

WWW.SCHRAMM-LANDGASTHOF.DE

SEIN ERSTER KNECHT

Das ist Franz Schramm, der als Koch mit seinem Sohn (ebenfalls Koch), seiner Tochter (Hotelfachfrau) und seiner Frau Barbara den Laden schmeißt. Außerdem hat er noch zwei Schwestern, auf die er sich verlassen kann, wenn Not an der Frau ist. Insofern hat der passionierte Jäger eigentlich keinen Grund zum Selbstmitleid, schließlich läuft es gut, was natürlich der guten Küche und der Freundlichkeit des Hauses zu verdanken ist. Wir empfehlen die Wildgerichte (aus eigenem Gehege)!

Speisen

Regionale, saisonale und gehobene Küche. Hausmacher Brotzeiten. Sonntags Mittagstisch mit extra Karte. Spezialitäten: Wildgerichte, Damwild aus eigenem Gehege, saisonale Gerichte.

Getränke

Biere von Veldensteiner: Pils, helles Lager, Dunkles und Weizen vom Fass, verschiedene Flaschenbiere. Weiße und rote Weine vom Weinhaus Berninger in Ziegelanger. Obstbrände von der Mosterei Pflaum in Eschenbach.

Plätze (innen/außen)

200/40

Unser Tipp
Damwild

Öffnungszeiten

Täglich ab 7 Uhr
Montag Ruhetag

Anschrift & Kontakt

Frankenstraße 24
97483 Eltmann-Roßstadt
Tel.: 09522-399

Gasthaus Engel

Speisen

Mittelgroße Auswahl an Brotzeiten. Immer Bratwürste und 2-3 wechselnde warme Gerichte, die nicht auf der Karte stehen. Immer ein hausgebackener Kuchen. Spezialitäten: Schinkenröllchen, Sülze mit Bratkartoffeln, hausgemachter Presssack.

Getränke

Eigene Weißweine: Müller-Thurgau und Silvaner. Biere von Mahr`s Bräu/Bamberg (U vom Fass, restliche Sorten aus der Flasche), selbstgebrannter Obstler. Cappuccino, Espresso.

Plätze (innen/außen)

55/120

Unser Tipp
Sülze mit Bratkartoffeln

AUS BIER MACH WEIN

Eigentlich sitzen Sie hier in einem Brauereiwirtshaus. Allerdings lösten 1995 Weinbau und Weinausschank den Gerstensaft ab, die Brauerei wurde abgerissen. Heute erleben Sie eine wunderschöne Weingastronomie mit liebevoller Dekoration und einer tollen Küche, die auf Vorbestellung fast alles möglich macht. An den Adventswochenenden wärmen sich die Roßstadter an der Glühweinhütte im Hof.

Öffnungszeiten
Fr, Sa und So ab 14.30 Uhr
Mo bis Do Ruhetag

Anschrift & Kontakt
Frankenstraße 18
97583 Eltmann-Roßstadt
Tel.: 09522-439

Brauerei Bräutigam

Speisen

Hausmacher Brotzeiten. Fränkische, bodenständige Küche. Sonntags Mittagstisch mit verschiedenen Bräten. Selbst gebackene Kuchen. Spezialitäten: Enten, Rinderrouladen, Schweinebraten, selbst gebackener Käsekuchen.

Getränke

Eigenes Bier (Pilsener und Altfränkisch Dunkel vom Fass). Kleinere Auswahl an weißen und roten Frankenweinen. Schnäpse, Brände und Liköre aus eigener Brennerei (z. B. Bockbierbrand, von der DLG mit Silber prämiert).

Plätze (innen/außen)

60/200

Unser Tipp
Bier und Brand

BROT, KUCHEN UND LIKÖRE

Dazu natürlich das leckere Bier und die Spezialitäten aus Hausschlachtung (einmal im Monat Schlachtschüssel, Termin bitte telefonisch erfragen). Damit begeistern die Bräutigams schon viele Jahrzehnte ihr Publikum, das fast ausschließlich aus Stammgästen besteht. Die Segnungen aus Angelika Bräutigams Küche locken auch viele (Rad-)Wanderer sowie die Besucher der nahegelegenen Wallfahrtskirche Maria Limbach. Die stiftete übrigens der Würzburger Fürstbischof Friedrich Carl von Schönborn, nachdem er auf Fürsprache der Muttergottes zu Limbach von einem Hüftleiden geheilt wurde.

Öffnungszeiten

Täglich ab 9 Uhr
Di und Mi Ruhetag

Anschrift & Kontakt

Dorfstraße 12
97483 Eltmann-Weisbrunn
Tel.: 09522-1628

Gasthaus „Goldener Schwan"

Speisen

Bodenständige, typisch fränkische Küche. Fränkische Brotzeiten. Spezialitäten: Wildgerichte aus heimischer Jagd, Schäuferle.

Getränke

Biere von der Kulmbacher Brauerei: Pils vom Fass und diverse Flaschenbiere. Fränkische Weine (weiß, rot, rosé). Selbst gemachte Liköre (z. B. blaues Wunder, Frucht-bombe, Holunderlikör).

Plätze (innen/außen)

100/40

Unser Tipp

Wildgerichte aus heimischer Jagd

ALLES SELBST GEMACHT

Manuel Schmidt steht in der Küche, für den Service zeichnet die Dame mit dem wunderschönen Namen Fabiola De la Cruz verantwortlich. Die beiden schaffen es seit 2007, aus dem eher verstaubten Image des über 500 Jahre alten Hauses mehr und mehr das Bild einer modernen Gastronomie zu machen. Dabei haben sie sich der Maxime verschrieben, alles selbst herzustellen und Geschmacksverstärker & Co. komplett aus der Küche zu verbannen. Viele der Kreationen gibt es dann sogar zum Mitnehmen, wie zum Beispiel Marmeladen, Chutneys, Pestos, Liköre oder Sirup.

Öffnungszeiten

Mo bis Fr 11.30 bis 14 Uhr
und ab 17 Uhr
Sa, So und Feiertage
ab 10 Uhr
Mittwoch Ruhetag

Anschrift & Kontakt

Hauptstraße 32
96126 Ermershausen
Tel.: 09532-980460

Hotel-Gasthof zur Linde

WWW.LINDE-HOTEL.DE

MIT ZWEI TÜRKENLINDEN

Vor dem über 100 Jahre alten Haus stehen zwei Linden, die 1683 anlässlich der Befreiung Wiens von den Türken gepflanzt wurden. Birgit Reindls Familie besitzt das Anwesen seit fünf Generationen und bewirtet seit 1896 die Gäste. Sie legt großen Wert auf regionale Produkte und arbeitet mit lokalen Direktvermarktern zusammen. Heraus kommen dann so leckere Dinge wie die gefüllte Bauernente oder beispielsweise während der Bier-Aktionswochen ein „Altfränkischer Rinderschmorbraten mit Wurzelgemüsewürfel in Dunkelbiersoße". Hier kann man nur noch guten Appetit wünschen!

Speisen

Vorwiegend bürgerlich-fränkische Küche mit eigener Note, saisonal ausgerichtet und regional geprägt. Hausgemachte Brotzeiten. Spezialitäten: Gefüllte Bauernente, Wild aus heimischen Wäldern, Spargelgerichte.

Getränke

Bier vom Schweinfurter Brauhaus: Pils und Kellerbier vom Fass sowie weitere Flaschenbiere. Vorwiegend fränkische Weine. Bionade. Naturtrüber Apfelsaft von eigenen Streuobstwiesen, selbstgemachte Hollerlimo (im Sommer).

Plätze (innen/außen)

65/12

Unser Tipp

Apfelsaft

Öffnungszeiten

Mo bis Sa ab 17 Uhr
So und Feiertage 11 bis 14.30 Uhr
Für Gruppen nach Anmeldung auch außerhalb dieser Zeiten geöffnet

Anschrift & Kontakt

Lindenplatz 1
97503 Ottendorf
Tel.: 09727-91010

Gasthaus zum Schwanen

Speisen

Fränkisch-bodenständige Küche. Sonntags mittags verschiedene Bräten zusätzlich. Hausmacher Brotzeiten. Spezialität: Entenbraten (So oder auf Bestellung).

Getränke

Weiße Eigenbau-Weine. Biere von der Brauerei Göller/Zeil am Main: Pils und Weizen vom Fass sowie verschiedene Flaschenbiere. Selbstgebrannte Schnäpse.

Plätze (innen/außen)

105/45

Unser Tipp
Mittagstisch am Sonntag

BLICK AUF DIE EIGENEN WEINBERGE

Von der Wurst über die Edelbrände bis zum Wein: Hier ist alles hausgemacht. Michael Schmitt führt das Familienunternehmen seit 2002, seine Eltern Marliese und Erich sind aber noch voll mit im Boot und bei der Sache. Die drei haben viele Stammgäste, die sich auch immer ihre Weinration für die jeweils nächste Zeit mit nach Hause nehmen, aber es sind auch immer wieder Tische frei für Neuankömmlinge, die meist am Sonntag zum ersten Mal kommen, wenn es den legendären Entenbraten gibt.

Öffnungszeiten

Täglich ab 11 Uhr
Montag Ruhetag

Anschrift & Kontakt

Lindenhainstraße 3
97437 Augsfeld
Tel.: 09521-5983

Hotel-Restaurant Goger Augsfeld

WWW.HOTEL-GOGER-AUGSFELD.DE

MIT TANZ FÜR JUNGGEBLIEBENE

Ruhig und idyllisch gelegen lockt das Hotel der Gogers sowohl kleine Radfahrergruppen als auch ganze Reisebusse zu sich, um die gute fränkische Küche für einen sättigenden und erholsamen Zwischenstopp zu nutzen. Viele verschiedene Räume und komplettes Tagungsequipment laden zudem zu Feiern und Tagungen ein. Jeden Freitag gibt es zudem Live-Musik ab 20 Uhr.

Speisen

Fränkische Küche mit saisonalen Gerichten. Fränkische Brotzeiten. Spezialität: Bocksbraten (zur Bockskirchweih Ende Aug./ Anfang Sep.).

Getränke

Veldensteiner Biere: Kellerbier, Hefeweizen und Pils vom Fass sowie verschiedene Flaschenbiere. Frankenweine vom Weingut Goger (weiß und rot). Schnäpse, Edelbrände und Liköre aus der Gegend.

Plätze (innen/außen)

300/150

Unser Tipp
Saisonale Gerichte

Öffnungszeiten

Täglich ab 8 Uhr

Anschrift & Kontakt

Bamberger Straße 22
97437 Hassfurt-Augsfeld
Tel.: 09521-9250

Bäckerei und Café Hans Jüngling

Speisen

Hausgebackene Kuchen. Einige warme Kleinigkeiten. Spezialitäten: Pizzazungen, Bratwurst im Teig, Laugenstangen mit Gerupftem, belegte Sandwiches, verschiedene runde Blechkuchen (Käsekuchen, Apfelkuchen etc.)

Getränke

Verschiedene Kaffeesorten, verschiedene Tees. Frankenweine (rot und weiß). Verschiedene Flaschenbiere der Brauerei Göller/Zeil.

Plätze (innen/außen)

30/50

Unser Tipp

Runde Blechkuchen

NEUES OUTFIT NACH 130 JAHREN

Fünf Generationen lang backen die Jünglings schon für die Haßfurter, seit 2008 erstrahlt der Laden in neuem Glanz, aus der Weinstube wurde ein Café. „Mit dem Umbau haben wir sogar neue Kunden hinzugewonnen", schwärmt Juli Jüngling, die vor sechs Jahren ihre Meisterprüfung und den Betriebswirt abgelegt hat. So hat der alte „obere Jünglingsbeck" nun auch eine neue Zukunftsperspektive, nicht nur in personeller Hinsicht. Übrigens bleiben die Weine natürlich ein Geheimtipp, auch wenn von außen nun „Café" auf der ehemaligen Weinstube steht ...

Öffnungszeiten

Täglich 6 bis 18 Uhr
Sa 6 bis 13.30
Sonntag Ruhetag

Anschrift & Kontakt

Hauptstraße 26
97437 Haßfurt
Tel.: 09521-1456

Ritterkapelle Haßfurt

Eiscafé-Bar Dolomiti

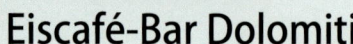

WWW.EISCAFE-BAR-DOLOMITI.DE

Speisen

Eis nach italienischem Rezept aus eigener Herstellung, ca. 40 Sorten im Wechsel. Ca. 80 verschiedene Eisbecher, hausgebackene Kuchen, verschiedene Toasts.

Getränke

Diverse Kaffeespezialitäten. Verschiedene Flaschenbiere der Kulmbacher Brauerei. Frankenweine (weiß, rot und Rotling). Immer 6 verschiedene frisch gemixte Cocktails.

Plätze (innen/außen)

30/60

Unser Tipp

Eisbecherauswahl

DOLOMITI TEIL 1

Hier gibt es original italienisches Eis im Schatten der historischen Ritterkapelle und das in bis zu 45 verschiedenen Sorten. Logisch, dass der Zwischenstopp - zumindest für alle Eis-Fans - absolute Pflicht ist. Und so wechseln sich Einheimische, Wanderer, Radler und andere Durchreisende auf den Stühlen im Garten vor dem Eiscafé immer wieder ab, um sich ihre Portion Glück an den Tisch kommen zu lassen. Über 80 verschiedene Eisbecher finden sich auf der Karte, da fällt die Auswahl wirklich schwer!

Öffnungszeiten

Täglich ab 8 Uhr

Anschrift & Kontakt

Obere Vorstadt 11
97437 Hassfurt
Tel.: 09521-619691

China Restaurant Great Wall

WWW.GREATWALL-RESTAURANT.DE

GROSSES KINO AN DER GROSSEN MAUER

Tam Uong und sein Team haben die chinesische Küche in Haßfurt groß gemacht und bieten mittlerweile mit einer erweiterten Palette auch thailändische Gerichte und mongolisches Grillbuffet an (wobei wir uns schon länger fragen, wie ein Land ohne Küste wie die Mongolei zu Muscheln, Tintenfisch & Co. kommt, aber das ist ein anderes Thema ...). Auf Wunsch kochen die Chinesen auch ein Schäuferle, wir raten dann aber doch eher zur Vorbestellung einer Peking-Ente - das ist ganz große Kochkunst.

Speisen

Chinesische und asiatische Küche. Mi bis Sa chinesisches Mittagsbuffet und chinesisches Abendbuffet mit mongolischem Grill. Auf Wunsch auch fränkische Spezialitäten, wie Haxen, Schäuferle oder gegrilltes Hähnchen (zubereitet mit einem leicht chinesischen Akzent). Spezialitäten: Pekingente (auf Vorbestellung, da das Zubereiten einen Tag in Anspruch nimmt), Spezialitäten aus dem Meer, aus dem Tontopf und von der heißen Pfanne.

Getränke

Veldensteiner Pils und Hefeweizen vom Fass. Warsteiner Pils vom Fass. Verschiedene Flaschenbiere. Fränkische, französische, italienische und chinesische Weine (weiß und rot). Verschiedene, auch exotische Cocktails (mit und ohne Alkohol). Chinesische Tees.

Plätze (innen/außen)

176/80

Unser Tipp
Pekingente (Vorbestellung)

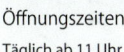

Öffnungszeiten

Täglich ab 11 Uhr

Anschrift & Kontakt

Zeiler Straße 6
97437 Haßfurt
Tel.: 09521-64288

Süße Verführungen aus Franken

WWW.MAINTAL-KONFITUEREN.DE

Wer Franken kulinarisch kennen lernen will, kommt am samtigweichen Hiffenmark nicht vorbei. Die rote Konfitürenspezialität – außerhalb Frankens als Hagebutten-Konfitüre bekannt – ist nicht nur zum Frühstück ein leckeres Highlight.

Ob als fruchtiges Topping auf frischem Joghurt, als i-Tüpfelchen auf einem gesunden Müsli, als süße Füllung in Krapfen oder Hörnchen oder als perfektes Finish von Wildgerichten, fränkisches Hiffenmark passt zu vielen Gelegenheiten.

Hergestellt wird die Konfitüre nach altem Rezept bei Maintal Konfitüren, einem alteingesessenen Familienunternehmen in Haßfurt. Seit nunmehr 125 Jahren hat man sich der Herstellung von feinen Konfitüren von Aprikose bis Zwetschge verschrieben. Mittlerweile gehört Bayerns ältestes Konfitürenunternehmen zu den führenden Spezialitätenanbietern. Eine große Auswahl an Bio-Konfitüren und –Fruchtaufstrichen runden die Palette an süßen Verführungen ab. Für alle Produkte aus dem Hause Maintal gilt: Nur die Kombination aus strengen Kontrollen der Zulieferer, hochwertigen Früchten und ausgewählten Zutaten ergibt den unvergleichlichen Geschmack und die hohe Qualität. Bis heute verarbeitet man die Früchte schonend in kleinen Kochchargen, um Vitamine und wertvolle Pflanzeninhaltsstoffe bestmöglich zu erhalten.

Typisch fränkisch

Hiffenmark. Im besten Reifegrad geerntet, entfaltet die rote Frucht als samtweiche Konfitüre ihren vollen Geschmack.

Weingelees aus sortenreinen, fränkischen Weinen bieten ein ganz besonderes Geschmackserlebnis: Vollmundiges Silvaner-, fruchtiges Rotling- oder kräftiges Domina-Gelee.

Bei den **fränkischen Fruchtspezialitäten** spielen Apfel, Apfelwein, Holunder, Quitte, Sanddorn, Schlehe und Zwetschge die Hauptrolle.

Maintal Konfitüren GmbH

Industriestr. 11
97437 Haßfurt
Telefon: 09521/94 95 0

Von Mi. bis Do. von 9 bis 17 Uhr und Fr. von 9 bis 15 Uhr hat der hauseigene Verkauf geöffnet. Den Kunden steht immer eine breite Auswahl an Maintal-Produkten zu Sonderpreisen zur Verfügung. Im Online-Shop unter **www.maintal-konfitueren.de** sind die feinen Spezialitäten einfach und bequem zu bestellen.

Ilse`s Weinstube

Speisen

Verschiedene Schnitzel, Schweine-steaks, blaue Zipfel, Pizza, Flamm-kuchen, verschiedene Salate. Auf Bestellung auch andere warme Gerichte. Wurst und Käseplatten, Brotzeiten. Spezialitäten: Bauern-schnitzel, Ilse's Schnitzel, Ilse's Salat, selbst gemachter Gerupfter mit frischen Laugenbrezen.

Getränke

Große Auswahl an Frankenwei-nen aus der Gegend (rot, weiß, rosé, Rotling). Verschiedene Flaschenbiere von der Kulmbacher Brauerei und von der Brauerei Göller/Zeil am Main. Ringlo- und Mirabellenbrand aus der Gegend.

Plätze (innen/außen)

40/40

Unser Tipp

Fasching in der Weinstube

KLARE LINIE

Hatte man hier früher noch Bäckerei und später Café, so haben sich Ilse und Winfried Marklowski nun ganz den Weinfreunden verschrieben. Für die gibt es eine kleine Karte mit Schnitzel, Steaks und Pizza, aber auch feine blaue Zipfel und Flammkuchen. Wenn jemand vorher sagt, was er gerne möchte, kocht Ilse auch das jeweilige Lieblingsgericht. Besonders hoch her geht es an den speziellen Festen wie Fasching, Oktoberfest (Mitte September), Straßenfest (erstes Oktoberwochenende) oder Hofschoppenfest (Ende Mai/Anfang Juni).

Öffnungszeiten

Täglich 17.30 bis 23 Uhr
So und Mo Ruhetag

Anschrift & Kontakt

Hauptstraße 80
97437 Haßfurt
Tel.: 09521-959933

Eisdiele Amici

MIT JOGHURTERIA

Neben zahlreichen verschiedenen Eissorten gehört bei Giuseppe Iacona vor allem der Joghurt zum Programm. Der hat hier sogar eine extra Theke und wird auf Wunsch mit den unterschiedlichsten Zutaten frisch zubereitet. Der Lieblingsplatz der Haßfurter ist draußen auf der Terrasse, wo man auch ein bisschen das lokale Sehen-und-gesehen-werden praktizieren kann.

Speisen

36 verschiedene Eissorten, nach orig. italienischem Rezept selbst gemacht, verschiedene Eisbecher, verschiedene frische Joghurts, warme Schokolade, frische Crêpes, warme Waffeln, Tramezzini, Bruschetta. Spezialitäten: Joghurteria-Theke, Granite.

Getränke

Große Auswahl an italienischen Kaffeespezialitäten, warme Schokolade, italienische Weine, verschiedene Flaschenbiere.

Plätze (innen/außen)

40/56

Unser Tipp
Joghurteria-Theke

Öffnungszeiten

Täglich 9 bis 22 Uhr

Anschrift & Kontakt

Torgraben 3
97437 Hassfurt
Tel.: 09521-2534

Ristorante La Lupa

Speisen

Italienische Küche: Hausgemachte Pasta, Fisch- und Fleischgerichte, Pizza. Auch ein paar wenige deutsche Gerichte. Italienische Desserts. Spezialitäten: Verschiedene Fisch- und Fleischgerichte.

Getränke

Pils und Hefeweizen vom Fass von der Kulmbacher Brauerei sowie verschiedene Flaschenbiere. Italienische Weine (vor allem aus den Abruzzen - weiß, rot und rosé). Einige gute Grappe.

Plätze (innen/außen)

60/72

Unser Tipp

Hausgemachte Pasta

DIE WÖLFIN

So heißt das etwas versteckt gelegene Ristorante von Mario Felucci, der es 1977 eröffnete. Alle paar Jahre krempelt er die Einrichtung um und macht quasi ein neues Ristorante draus, was bei den vielen Stammgästen sehr gut ankommt. Der pfiffige Italiener scheint überall zugleich zu sein, in der Küche, im Service, an der Nudelmaschine, aber genau das macht so einen Laden ja aus. Schauen Sie doch einfach mal rein!

Öffnungszeiten

Täglich ab 17 Uhr
So und Feiertage 12 bis 14 Uhr und ab 17 Uhr
Mittwoch Ruhetag

Anschrift & Kontakt

Rotkreuzstraße 16
97437 Haßfurt
Tel.: 09521-8966

Eisdiele Lazzarin

Speisen

32 Sorten selbst gemachtes, nach alten Rezepten hergestelltes Eis. Hausgemachtes Tiramisu. Sehr viele verschiedene Eisbecher.

EIN HALBES JAHRHUNDERT EIS

Oscar Gianni Lazzarin führt die Eisdiele selbst bereits seit 36 Jahren. Seine Eltern Valentina und Graziano Lazzarin hatten den süßen Tempel schon 1962 eröffnet. Der Italiener pendelt jeweils halbjährlich zwischen seiner Heimat Cortina d'Ampezzo, wo auch Frau und Kinder leben, und Haßfurt, wo er vor allem Stammpublikum glücklich macht. Die Fans kommen bis aus Schweinfurt und Bamberg hierher, quasi ein Pflichtzwischenstopp, wenn man am Wochenende einen Ausflug unternimmt oder in die Weingegend fahren möchte.

Getränke

Verschiedene Kaffeespezialitäten, Eiskaffee, Eisschokolade.

Plätze (innen/außen)

35/40

Unser Tipp
Hausgemachtes Tiramisu

Öffnungszeiten

Anfang März bis Mitte Okt.
Täglich 10 bis 22 Uhr
Mitte Okt. bis Ende Feb.
geschlossen

Anschrift & Kontakt

Hauptstraße 50
97437 Hassfurt
Tel.: 09521-1280

Hotel-Restaurant Mathes

Speisen

Fränkisch gut bürgerliche Küche (hier wird mit Liebe gekocht, wie bei der Oma). Fränkische Brotzeiten. Spezialitäten: Fränkischer Sauerbraten, Gänsebrust, Rinderbrust mit Kren.

Getränke

Biere von der Kulmbacher Brauerei: Pils vom Fass und verschiedene Flaschenbiere. Fränkische Weine (rot, weiß und rosé).

Plätze (innen/außen)

75/40

Unser Tipp

Sauerbraten

MIT LIEBE GEKOCHT

Das steht hier eigentlich bei jeder Speise fest, die auf Ihrem Teller landet. Verantwortlich dafür zeichnen Annette Kess hinter dem Herd und ihr Sohn Sebastian. Das Haus an sich thront im Gewerbegebiet und ist schon von weitem an den Dachziegeln mit der Aufschrift HOTEL zu erkennen. In dem rosa Prachtbau findet sich eine rustikale Einrichtung mit viel Holz und damit natürlich auch Gemütlichkeit.

Öffnungszeiten

Mo bis Do ab 18 Uhr
Fr bis So nur auf Bestellung
für Gruppen ab 15 Personen
geöffnet

Anschrift & Kontakt

Industriestraße 57
97437 Haßfurt
Tel.: 09521-7090

Restaurant Maui

WWW.MAUI-BAR.DE

UNTER BAMBUS UND PALMEN

Hawaii-Feeling zwischen Schwimmbad und Eishalle, so könnte man die Kurzform des Restaurants formulieren. Allerdings ist die Deko eher aus Plastik und das Essen nicht wirklich exotisch - auf die Hula-Damen und Blumenkränze warteten wir auch vergebens ... Spaß beiseite, hier gibt es vor allem schnelle Gerichte wie Steaks, Pizza und Schnitzel, letzteres in 15 verschiedenen Variationen - und für Verliebte, als Schnitzelplatte für zwei. Kenner sollten zum Cocktailabend am Samstag kommen!

Speisen

Regionale und überregionale Gerichte. Verschiedene Steaks, hausgemachte Pizza, überbackene Baguettes, Toasts. Dienstag Schnitzeltag (mit 15 verschiedenen Schnitzeln zum Sonderpreis). Jeweils 1 x im Monat Frühstücksbuffet oder Brunch (So vormittag ab 9.30 Uhr, abwechselnd). Spezialität: Schnitzelplatte für Zwei.

Getränke

Immer fünf verschiedene Fassbiere (wechseln immer wieder, auch saisonal), verschiedene Flaschenbiere (regional und überregional). Frankenweine und internationale Weine (weiß, rot, rosé und Rotling). Selbst gemixte, frische Cocktails (aamstags Cocktailabend). Verschiedenste Spirituosen.

Plätze (innen/außen)

100/50

Unser Tipp
Cocktailabend und Eishalle

Öffnungszeiten

Täglich ab 17 Uhr
Montag Ruhetag

Anschrift & Kontakt

Großer Anger 33
97437 Haßfurt
Tel.: 09521-610671

Meehäusle

WWW.MEEHAEUSLE.DE

Speisen

Fränkische, gut bürgerliche Küche, vom Schnitzel bis zur Forelle. Saisonale Gerichte. Große Auswahl an warmen Gerichten. Sonntags zusätzliche Karte mit verschiedenen Bräten. Fränkische Brotzeiten. Verschiedene Fischgerichte. Selbst gebackene Kuchen und Torten. Spezialitäten: Meezander, Sonntagsbräten.

Getränke

Biere von der Kulmbacher Brauerei: Pils, Kapuziner Weizen und Mönchshof Dunkelbier vom Fass, verschiedene Flaschenbiere. Weiße und rote Frankenweine (alle aus Dettelbach vom Weingut Apfelbacher). Eigener Hausbrand.

Plätze (innen/außen)

60/90

Unser Tipp

Die einzigartige Lage direkt am Main

FÜR LUFT- UND WASSERREISENDE

Ursprünglich Haßfurter Badeanstalt, dann Naturfreundehaus und nun unter dem Namen Meehäusle eine der Lieblingsanlaufstellen für die Haßfurter Ausflügler. Das ist die Kurzfassung der langen Geschichte dieses wunderschönen Häuschens direkt neben dem kleinen Flugplatz des Ortes - ja, es kommen auch immer wieder Piloten mit ihren Gästen hierher und genießen die gute Küche von Küchenchefin Cynthia Reißmann und ihrem Lebensgefährten Max Wohlfart. Die beiden feierten Mitte 2010 Eröffnung und präsentierten das alte Vereinsheim im neuen Terracotta-Schick, eine Freude, nicht nur für die Haßfurter!

Öffnungszeiten

Täglich ab 11 Uhr
Montag Ruhetag

Anschrift & Kontakt

Am Hafen 6
97437 Hassfurt
Tel.: 09521-7155

Restaurant Alte Schule im Meister Bär Hotel

WWW.MB-HOTEL.DE

Speisen

Mediterrane und fränkische Küche, regionale und saisonale Gerichte (z. B. Pasta, Fischgerichte, verschiedene Bräten, Salate). Fränkische Brotzeiten.

Getränke

Frankenweine aus den umliegenden Weinbergen (weiß, rot, Rotling). Verschiedene fränkische Biere (auch vom Fass). Kräuterlikör nach Familienrezept.

Plätze (innen/außen)

110/60

Unser Tipp

Fahrradfreundliches Hotel direkt in der Innenstadt

WIE DER NAME SCHON SAGT:

Man drückt quasi wieder die Schulbank. Doch davon ist im alten Schulgebäude heute nichts mehr zu sehen, ein Bistro mit einer langen Bar steht da, wo früher die Pauker Wissen vermittelten bzw. dieses versuchten. In einem Zimmer allerdings hat man die Schuleinrichtung aus den 1930er Jahren stehen gelassen, was den Gästen ein besonderes Ambiente beschert. Mit Meister Bär ist der Inhaber Heiner Bär gemeint, der das illustre Haus in seiner heutigen Form geschaffen hat.

Öffnungszeiten

Täglich ab 6.30 Uhr

Anschrift & Kontakt

Pfarrgasse 2
97437 Hassfurt
Tel.: 09521-9280

Neumanns Restaurant - Café - Bar

WWW.NEUMANNS-KULINAR.DE

Speisen

Internationale Küche und auch wechselnde fränkische Gerichte. Große Auswahl an vegetarischen und veganen Gerichten. Sonntags typisch fränkischer Mittagstisch. Selbst gebackene Kuchen und Torten. Spezialitäten: Neumann-Salat, verschiedene Fischgerichte, verschiedene Steaks.

Getränke

Fränkische Weine (weiß und rot). Biere von der Kulmbacher Brauerei: Schwarzbier und Pils vom Fass sowie verschiedene Flaschenbiere.

Plätze (innen/außen)

55/40

Unser Tipp

Neumann-Salat

AUCH MAL WIEDER MITTAGESSEN

Das möchte Peter Neumann seinen Gästen nahebringen, weswegen er abends gleich gar nicht aufmacht. Das schön gestaltete Lokal versorgt aber nicht nur die eigenen Gäste, sondern auch das Gasthaus Neumann in Neuschleichach, für das seine Frau Brigitte verantwortlich zeichnet - und natürlich die vielen Kunden des Catering-Service, der der eigentliche Schwerpunkt der Gastwirtschaft ist. Unbedingt anschauen sollten Sie sich den Biergarten im Hof, wo man Teile der alten Stadtmauer und einen 17 Meter tiefen beleuchteten Brunnen besichtigen kann. Natürlich sollten Sie sich dann auch gleich niederlassen und einige der Köstlichkeiten aus der Küche probieren, es lohnt sich!

Öffnungszeiten

Di, Mi und Fr 10.30 bis 17 Uhr
Do ab 10.30 Uhr
So 10.30 bis 15 Uhr
Mo und Sa Ruhetag

Anschrift & Kontakt

Brückenstraße 17
97437 Hassfurt
Tel.: 09521-7398

Pizzeria Trattoria Margherita

Speisen

Original italienische Speisen: Frische Salate, neapolitanische Steinofen-Pizza, Pasta, Fisch- und Fleischgerichte. Alles frisch, je nach Jahreszeit. Saisonale Küche.

Getränke

Biere von der Wernecker Bierbrauerei: Pils und Hefeweizen vom Fass. Italienische Weine (weiß und rot). Italienische Spirituosen.

Plätze (innen/außen)

50/0

Unser Tipp

Steinofen-Pizza

ALLES FRISCH

Luciano Ferrucci ist ein echter Italiener. Mit viel Herz und Empathie empfängt er seine Gäste und bereitet so auch seine Speisen zu. Seine hohe Kochkunst begeistert viele Stammgäste, die vor allem den Steinbackofen zu schätzen wissen, den er einst in Haßfurt einführte. Besonders spannend sind die saisonalen Spezialitäten, die er immer wieder auf die Karte schreibt.

Öffnungszeiten

Im Sommer
Täglich ab 18 Uhr
Im Winter
Täglich ab 17 Uhr

Anschrift & Kontakt

Hauptstraße 53
97437 Haßfurt
Tel.: 09521-8778

Wein- und Speiselokal Ratskeller

Speisen

Fränkisch-bodenständige Küche, viele saisonale Gerichte. Sonntags Mittagstisch mit extra Karte. Fränkische Brotzeiten. Spezialitäten: Schäuferle, Sauerbraten, Spargelgerichte (saisonal).

Getränke

Große Auswahl an Frankenweinen (über 20 offene) aus der Region (weiß, rot, rosé und Rotling). Hefeweizen und Pils vom Fass von der Brauerei Krug/Ebelsbach sowie verschiedene Flaschenbiere.

Plätze (innen/außen)

65/40

Unser Tipp

Sauerbraten

ENDLICH KONTINUITÄT

Der Ratskeller hat seit seiner Eröffnung vor über einem halben Jahrhundert schon sehr viele Besitzer bzw. Pächter kommen und gehen sehen. Mit Maria Kötzner und ihrem Lebenspartner Dieter Heim herrscht seit Februar 2007 nun endlich Kontinuität an der Hauptstraße. Davor betrieben sie knappe zehn Jahre den nebenan gelegenen Elsenkeller, es ist also große Gastroerfahrung vorhanden. Der Ratskeller präsentiert sich mit einer Mischung aus neu und alt, im Sommer lockt vor allem der Biergarten im wunderschönen weinumrankten Innenhof, wo man abseits vom Straßenlärm die Seele baumeln lassen kann.

Öffnungszeiten

Täglich 11.30 bis 14 Uhr und ab 18 Uhr
Samstag Ruhetag
Für Gruppen nach Anmeldung auch am Ruhetag geöffnet

Anschrift & Kontakt

Hauptstraße 41
97437 Hassfurt
Tel.: 09521-951251

Tazza Cafébar

Speisen

Tagesgerichte, Snacks, selbst gemachte Flammkuchen, auch internationale Gerichte, verschiedene Frühstücke, Bagels, Toasts, Sandwiches, verschiedene Salate, hausgebackene Kuchen. Spezialität: Das jeweilige Tagesgericht.

Getränke

Verschiedene Kaffeespezialitäten, Shakes, Frappés, Eiskaffee, verschiedene Frozen Yoghurts. Verschiedene Teesorten (auch offene). Verschiedene Cocktails (mit und ohne Alkohol). Verschiedene Flaschenbiere von der Kulmbacher Brauerei. Frankenweine aus der Gegend (weiß und rot).

Plätze (innen/außen)

30/24

Unser Tipp
Flammkuchen

EIN BISSCHEN ITALIEN IN HASSFURT

Die ruhige Sonnenterrasse lädt zu einem Zwischenstopp beim Stadtbummel ein. Wenn man dann nicht auf einen leckeren Eisbecher Lust hat, lässt man sich von den netten Mitarbeitern eine der Kaffee- oder Teevariationen empfehlen. Die fachkundigen Damen wissen eigentlich immer Rat, und halten dann auch Wort, wenn es beispielsweise um echt italienischen Cappuccino & Co. geht. Hier stehen nämlich ausgebildete Baristas hinter der Kaffeemaschine und verhelfen dem Koffein zu echtem Chic.

Öffnungszeiten

Täglich 9 bis 19 Uhr
Sa und So 10 bis 19 Uhr

Anschrift & Kontakt

Torgraben 1
97437 Hassfurt
Tel.: 09521-9528349

Hotel Walfisch

Speisen

Fränkisch-internationale Speisekarte (Steaks, Wiener Schnitzel, Toast Hawaii, von allem ein bisschen). Saisonale Gerichte. Sonntags Mittagstisch mit extra Karte. Spezialitäten: Verschiedene Bräten, Steakgerichte.

Getränke

Biere von Mönchshof/Kulmbach: Original, Schwarzbier und Weizen vom Fass, verschiedene Flaschenbiere. Frankenweine (weiß, rot und Rotling).

Plätze (innen/außen)

70/35

Unser Tipp
Bräten

AUF DEM TROCKENEN

Das Haus hat sicher weit mehr als 500 Jahre auf dem Buckel, allerdings liegt dem Namen kein Meeressäuger zugrunde, sondern eher eine Verballhornung der Eigenschaft als Haus der Fischerzunft und der Tatsache, dass die gegenüberliegende Ritterkapelle als Marien-Wallfahrtskirche jede Menge Wallfahrer anzog, die dann auch gerne Fisch aßen. So wurde dann der Wal(l)fisch daraus. Uns hat vor allem die urige Atmosphäre im Restaurant bezaubert, allerdings natürlich auch die gute Küche von Michael Hahn überzeugt.

Öffnungszeiten

Täglich 8 bis 22 Uhr
Fr 8 bis 11 und 17 bis 22 Uhr

Anschrift & Kontakt

Obere Vorstadt 8
97437 Hassfurt
Tel.: 09521-92270

Watzmann - Kneipe und Biergarten

Speisen

Fränkische Küche, saisonale Gerichte. Sonntags Mittagstisch mit extra Karte. Fränkische Brotzeiten. Hausgebackene Kuchen und Torten. Spezialität: Schäuferle, fränkische Bräten.

Getränke

Schloßbrauerei/Reckendorf: Pils, Weizen, Kellerbier und Schwarzbier vom Fass sowie verschiedene Flaschenbiere. Brauerei Göller/Zeil am Main: Verschiedene Flaschenbiere. Frankenweine (weiß und rot).

Plätze (innen/außen)

70/110

Unser Tipp
Schäuferle

DAS SOUVENIR

Zwei Freunde entschlossen sich 1973 nach einem Urlaub in den Berchtesgadener Alpen, ihr Gasthaus in „Watzmann" umzubenennen. Die beiden gingen, der Name blieb, auch wenn man sich hier bei weitem nicht auf 2713 m Höhe befindet. Anja Jung und Karlheinz Polreich übernahmen vor kurzem den Laden, der zu dem Zeitpunkt als gescheitertes Sternerestaurant kein leichtes Erbe darstellte. Sie haben sich wieder auf quasi jedermann eingestellt und die klassische fränkische Küche zurückgebracht. Neben Schäuferle und Bräten gibt's übrigens auch selbst gebackene Kuchen und Torten.

Öffnungszeiten

Anfang Okt. bis Ende Apr.
Täglich ab 18 Uhr
Sa, So und Feiertage
ab 15 Uhr
Anfang Mai bis Ende Sep.
Täglich ab 10 Uhr

Anschrift & Kontakt

Schlesingerstraße 2
97437 Hassfurt
Tel.: 0170-6920242

Wiener Caféhaus

PLATZ FÜR HASSFURTER SCHMÄH

Auch in Haßfurt wird gerne über Gott und die Welt geredet. Das kleine Dorfparlament trifft sich dazu gerne auch mal im Wiener Caféhaus, das von Familie Bauer vor einem Vierteljahrhundert liebevoll eingerichtet wurde. Statt Sacher- gibt's hier Trüffeltorte und dazu gehören natürlich Kaffeespezialitäten á la Einspänner, kleinem Braunen oder Kapuziner und jede Menge Kaffeeobers. Das ganze kann man dann auch für zuhause mitnehmen, auch in Form von Pralinen und Eis, lassen Sie sich einfach mal richtig verwöhnen!

Speisen

Hausgebackene Torten und Gebäck, mittags warme Speisen und Kleinigkeiten (Nudelgerichte und Pizzen, verschiedene Toasts, Eiergerichte, ...). Im Sommer 8-10 verschiedene Eissorten aus eigener Herstellung. Sahnetrüffel und andere Pralinen aus eigener Herstellung im Winterhalbjahr. Spezialitäten: Sahnetrüffel, Walnusscreme-Torte, Trüffeltorte.

Getränke

Verschiedene Kaffeespezialitäten (auch mit Alkohol, z. B Irish Coffee). Verschiedene Flaschenbiere von der Kulmbacher Brauerei (Pils, Radler, ...), Erdinger Weissbiere. Frankenweine (rot und weiß) aus Volkach und Nordheim und Umgebung. Im Sommer verschiedene Milchshakes.

Plätze (innen/außen)
80/32

Unser Tipp
Sahnetrüffel aus eigener Herstellung

Öffnungszeiten

Mo bis Fr 8 bis 18 Uhr
So und Feiertage
13 bis 18 Uhr
Samstag Ruhetag

Anschrift & Kontakt

Hauptstraße 23
97437 Hassfurt
Tel.: 09521-1888

Gasthaus Zum Hirschen

Speisen

Fränkische Küche, Hausmannskost. Kleine Standard-Speisekarte + verschiedene Tagesgerichte. Sonntags Mittagstisch mit verschiedenen Bräten. Hausmacher Brotzeiten. Selbst gebackene Kuchen und Torten.

Getränke

Biere von der Kulmbacher Brauerei: Pils und Hefeweizen vom Fass, verschiedene Flaschenbiere. Frankenweine aus der unmittelbaren Umgebung (weiß und rot).

Plätze (innen/außen)

122/20

Unser Tipp

Selbst gebackene Kuchen

AM SCHWEINFURTER TOR

Ein halbes Jahrtausend Geschichte - das Haus hat viel erlebt, darunter wahrscheinlich auch den Bau der spätgotischen Ritterkapelle mit ihren 248 mittelalterlichen heraldischen Schilden. Seit knapp 100 Jahren bewirtet die Familie der heutigen Besitzerin Barbara Hußlein hier die Gäste. Vom Kuchen bis zur Wurst wird alles selbst hergestellt, möglichst aus frischen Zutaten. Mit den drei Zimmern des Hauses ist auch für Übernachtungswillige bestens gesorgt.

Öffnungszeiten

Täglich ab 10 Uhr
Dienstag Ruhetag

Anschrift & Kontakt

Untere Vorstadt 2
97437 Hassfurt
Tel.: 09521-1466

Heckenwirtschaft Familie Eller

WWW.WEINK-ELLER.DE

Speisen

Ein warmes Gericht. Hausmacher Brotzeiten. Hausgebackener Käse- und Apfelkuchen. Spezialitäten: Winzerplatte, Käseplatte, blaue Zipfel.

Getränke

Eigenbau-Weine (rot, weiß und Rotling). Brände aus eigener Brennerei.

Plätze (innen/außen)

40/0

Unser Tipp

Wurst und Schinken aus eigener Herstellung

34 EIMER WEIN

So viel mussten die Winzer aus Prappach bis 1290 jedes Jahr in die Bamberger Klöster St. Gangolf und St. Jakob liefern. Zu diesem Zeitpunkt war der örtliche Weinbau schon etwa 150 Jahre alt und wurde auch danach, als man von der Leistungspflicht befreit war, ein wichtiger Wirtschaftsfaktor der Region. So ist es bis heute geblieben, und Eva und Werner Eller betreiben im ehedem elterlichen Haus von Werner zwölf Wochen im Jahr ihre Heckenwirtschaft. Nachdem das Haus sonst unbewohnt ist, gibt es dort kein Telefon. Sie müssen also außerhalb der Öffnungszeiten reservieren bzw. bestellen.

Öffnungszeiten

Ab Mitte März (für ca. 6 Wochen) und ab Mitte Okt. (für ca. 6 Wochen)
Sa ab 17 Uhr
So ab 16 Uhr
Mo bis Fr geschlossen
Für Gruppen ab 30 Personen nach Anmeldung freitags geöffnet

Anschrift & Kontakt

Prappacher Straße 17
97437 Hassfurt-Prappach
Tel.: 09521-1730 (privat)

Sailershäuser Wanderstube

Speisen

Fränkische gutbürgerliche Küche, saisonale Gerichte. Sonntags verschiedene Bräten. Fränkische Brotzeiten. Selbst gebackene Kuchen und Torten. Spezialitäten: Entenessen (von Sep. bis März auf Vorbestellung), Wild aus der Region, Schäuferle.

Getränke

Biere von der Kulmbacher Brauerei: Pils vom Fass und verschiedene Flaschenbiere. Frankenweine (weiß und rot).

Plätze (innen/außen)

60/50

Unser Tipp

Ente

WANDERERPARADIES

Hier im zweitkleinsten Stadtteil von Haßfurt hat sich Ingrid Stößel vor allem auf echte Laufkundschaft eingestellt. Gemeint sind die Wanderer, die über die vielen Wege rundherum hierher kommen und Station machen wollen. Das klappt sowohl für Bräten und Brotzeiten als auch nachmittags, wenn die hausgebackenen Kuchen und Torten auf der Karte stehen. Für Genießer sei erwähnt, dass es auf Vorbestellung einen sehr guten Entenbraten gibt.

Öffnungszeiten

Fr ab 18 Uhr
Sa ab 17 Uhr
So und Feiertage ab 10 Uhr
Mo bis Do geschlossen
Für Gruppen nach Anmeldung auch außerhalb dieser Zeiten geöffnet

Anschrift & Kontakt

Kreisstraße 6
97437 Haßfurt-
Sailershausen
Tel.: 09521-5663

Hammerschmiedsmühle

Speisen

Fränkisch-bodenständige, aber auch gehobene Küche. Auch internationale Gerichte. Spezialitäten: Wildschweinbratwürste, Wildschweinschinken, Kurzgebratenes von Wild, Rind, Schwein, Lamm, Geflügel und Fisch.

Getränke

Verschiedene Flaschenbiere von Kulmbacher, Göller/Zeil am Main und Jever. Frankenweine aus der Region, französische und italienische Qualitätsweine (weiß und rot). Diverse Schnäpse und Edelbrände. Hausgemachte Liköre.

Plätze (innen/außen)

60/25

Unser Tipp

Wildschweinbratwürste

AM UFER DER NASSACH

Dort liegt die denkmalgeschützte Hammerschmiedsmühle, in der seit 1990 die Ullrichs leben und arbeiten. Vater Eckart erledigt Gestaltung, Erhalt und Verwaltung, Sohn Oliver steht als gelernter Koch für die feine Küche des Hauses. Auf der Speisekarte stehen viele Wildgerichte, aber auch fränkische Klassiker sowie interessante Neukreationen. Oliver Ullrich bemüht sich dabei, soweit möglich regionale Rohstoffe einzusetzen und arbeitet unter anderem mit den Direktvermarktern von „Natürlich von hier" zusammen. Ein genialer Schlusspunkt für jedes Mal ist übrigens sein selbst gemachtes Eis, eventuell in Kombination mit einem der Edelbrände oder hausgemachten Liköre.

Öffnungszeiten

Täglich ab 18 Uhr
Mo und Di Ruhetag, an
Feiertagen geöffnet

Anschrift & Kontakt

Mühlenstraße 20
97437 Sylbach
Tel.: 09521-2277

Restaurant Korfu

Speisen

Griechische Spezialitäten, aber auch einige deutsche Gerichte. Spezialitäten: Verschiedene überbackene Gerichte, Gyros, Bauernspieß, Schweinelende, Kalamari mit Knoblauchsoße.

Getränke

Veldensteiner Biere: Hefeweizen und Pils vom Fass sowie verschiedene Flaschenbiere. Griechische Weine (weiß und rot) und Frankenweine (weiß).

Plätze (innen/außen)

80/80

Unser Tipp

Bauernspieß

BEI ODYSSEUS UND HELENA

Nein, liebe Altphilologen, wir verwechseln nicht Helena mit Penelope, hier stehen Odisseas und Elene Tasios hinter Tresen und Herd und verwöhnen bald 20 Jahre ihre Gäste in Sylbach, dem, nach der Stadt selbst, zweitgrößten Stadtteil Haßfurts. Auf der Karte stehen die bekannten Gerichte, besonders fein fanden wir die Kalamari in Knoblauchsauce.

Öffnungszeiten

Täglich ab 17 Uhr

Anschrift & Kontakt

Bachstraße 3
97437 Hassfurt-Sylbach
Tel.: 09521-8516

BergBiergarten Wülflingen

WWW.BERGBIERGARTEN-WUELFLINGEN.DE

Speisen

Fränkische Brotzeiten. Täglich warme Gerichte, im Sommer weniger, im Winter mehr. Spezialitäten: Paniertes Schweineschnitzel mit Pommes Frites, Dreierlei (Gerupfter, Kochkäse, Bratwurstteig), Salate, Bergplatte.

Getränke

Biere von der Kulmbacher Brauerei: Mönchshof Kellerbier, Mönchshof Original Pils, Kapuziner Weißbier, alkoholfreies Kapuziner Weißbier, alkoholfreies Kulmbacher Pils. Fränkische Weine (weiß, rot und Rotling) Weinbau Rippstein in Sand am Main und Weinbau Giel in Donnnersdorf. Sekko (weiß, rot und Rotling) auch Weinbau Rippstein.

Plätze (innen/außen)

38/35

Unser Tipp

Dreierlei

BROT- UND GURKEN-FLATRATE

Fotografin Melanie baute mit ihrem Mann Dirk ein Stückchen Italien ins kleine Örtchen Wülflingen zwischen Hassfurt und Schweinfurt. Der BergBiergarten - erst 2008 von den beiden Quereinsteigern eröffnet - war bis vor kurzem noch ein verwilderter Hügel, nun ist er einfach nur Urlaub. Die Leckereien stammen, soweit möglich, alle aus der Region, und auch der Spagat zwischen Wein und Bier gelingt wunderbar - jeder jeweilige Liebhaber kommt auf seine Kosten.

Öffnungszeiten

April bis Sep.
Täglich ab 16 Uhr
So ab 11 Uhr
Montag Ruhetag
Okt. bis März
Do bis Sa ab 17 Uhr
So ab 15 Uhr
Mo bis Mi Ruhetag

Anschrift & Kontakt

Hofleite 5
97437 Wülflingen
Tel.: 09521-9577597

Auf zu Schlössern und Burgen

WWW.HASSBERGE-TOURISMUS.DE

In den Haßbergen befindet sich rund ein Drittel aller ehemaligen Ritter- und Adelssitze und damit auch der Landschlösser Unterfrankens. Grund genug, den 200 Kilometer langen Burgen- und Schlösserwanderweg Südschleife und Nordschleife einzurichten, auf dem man vielen davon begegnet. Zudem finden sich einige malerische Fachwerkorte und Bilderbuchdörfer auf der Wegstrecke.

Natürlich kann man auch nur Teilstrecken wandern oder auch mit dem Rad die Burgen und Schlösser erkunden. Im Buch finden Sie viele Übernachtungs- und Einkehrgelegenheiten, teils auch in Schlössern, so dass auf jeden Fall ein unvergessliches Erlebnis auf Sie wartet. Der Burgen- und Schlösser-Wanderweg wurde vom Deutschen Wanderverband als besonders erlebnis- und abwechslungsreicher Weg mit dem Gütesiegel „Qualitätsweg Wanderbares Deutschland" ausgezeichnet.

Für eine genaue Wegbeschreibung bestellen Sie sich am besten die Infobroschüre zum Weg unter www.hassberge-tourismus.de

Bad Königshofen

B 279

Sulzfeld
i.Gr.

Sulzdorf
a.d. Lederhecke

Maroldsweisach

B 303

Stadtlauringen

B 4

Aidhausen

Hofheim
i. UFr.

Pfarrweisach

Untermerzbach

Ebern

Königsberg
i. Bay.

Rentweinsdorf

B 279

Haßfurt

Reckendorf

Main

Main

B 26

Zeil a. Main

A 70

Main

Ebelsbach

Baunach

Stettfeld

B 4

Hallstadt

Oberhaid

A 70

Bamberg

B 26

Burgen & Schlösser
Premiumwanderweg

Naturpark
Haßberge

QUALITÄTSWEG
WANDERBARES
DEUTSCHLAND

Gasthaus Zu den Haßbergen

Speisen

Fränkische, gutbürgerliche Küche. Fränkische Brotzeiten. Spezialitäten: Lamm aus eigener Zucht, Enten aus eigener Aufzucht (saisonal), Wild aus der Region.

Getränke

Biere von Tucher/Fürth: Pils vom Fass und verschiedene Flaschenbiere. Weine von den Weingütern Hüls in Oberschwappach und Nüsslein in Zeil (weiß, rot, Rotling). Liköre und Brände aus eigener Brennerei.

Plätze (innen/außen)

84/20

Unser Tipp

Ente und Lamm

IN DER ALTEN POSTSTATION

Eberhard und Brigitte Kirchner servieren in ihrem Gasthaus vor allem die Enten und Lämmer aus eigener Zucht. Dazu kommen selbst gebrannte Schnäpse und Liköre und die fränkischen Klassiker, die natürlich auch in Eichelsdorf nicht fehlen dürfen. Lebte das Haus bisher hauptsächlich von Stammgästen, so hat es sich mittlerweile auch zum Ausflugslokal - besonders an den Wochenenden - entwickelt. Von den Lämmern können Sie hier übrigens auch Felle kaufen.

Öffnungszeiten

Mo bis Fr ab 18 Uhr
Sa, So und Feiertage
ab 10 Uhr
Dienstag Ruhetag

Anschrift & Kontakt

Haßbergstraße 8
97461 Hofheim i. Ufr.-
Eichelsdorf
Tel.: 09523-6542

Gasthaus-Pension „Zur Schwedenschanze"

ESSEN IM MUSEUM

So kommt es einem zumindest vor. Viele halten das Lokal für eines der schönsten im ganzen Haßberge-Kreis mit Standuhr, Ölgemälden, Zinnkrügen und -figuren etc. Die 30 Gästezimmer sind nicht minder individuell und liebevoll eingerichtet, ein wahres Erlebnis für jeden Gast. Der Name „Schwedenschanze" datiert wohl in die Zeit des Dreißigjährigen Krieges, als sich die Einheimischen vor den Schweden in Sicherheit bringen mussten.

Speisen

Typisch fränkische Küche. Fränkische Brotzeiten. Spezialitäten: Verschiedene Lendengerichte, Pfannenschnitzel, Wildgerichte (saisonal), Gänse und Enten (saisonal).

Getränke

Biere von der Schloßbrauerei/ Reckendorf: Pils, Hefeweizen, Dunkles und Kellerbier vom Fass. Größere Auswahl an Frankenweinen (weiß und rot). Schnäpse aus der Umgebung.

Plätze (innen/außen)

120/140

Unser Tipp

Pfannenschnitzel

Öffnungszeiten

Fr und Sa ab 17 Uhr
So und Feiertage
ab 9.30 Uhr
Mo bis Do geschlossen
Für Gruppen ab 10 Personen nach Anmeldung auch außerhalb dieser Zeiten geöffnet

Anschrift & Kontakt

Haßbergstraße 7
97461 Hofheim i. Ufr.-
Eichelsdorf
Tel.: 09523-483

Gasthof Krone

Speisen

Gutbürgerliche, fränkische Küche, saisonale Gerichte. Täglich ein wechselndes Gericht für 5 EUR. Sonntags Mittagstisch. Hausmacher Brotzeiten. Spezialitäten: Sauerbraten, Schweinebraten, Rumpsteak, Pfannenschnitzel, Schlemmerschnitzel.

Getränke

Biere von der Brauerei Düll/Krautheim: Pils und Hefeweizen vom Fass sowie verschiedene Flaschenbiere. Frankenweine (weiß und rot). Schnäpse und Brände aus Goßmannsdorf.

Plätze (innen/außen)

120/10

Unser Tipp
Schlemmerschnitzel

OHNE GÄSTE GEHT NICHT

Roswitha Mantel und ihr Mann haben schon öfters über das Aufhören nachgedacht, aber irgendwie haben die beiden festgestellt, dass es ohne Gäste nicht geht, das Leben wäre einfach zu langweilig. So werden sie wohl noch einige Jahre weitermachen, unterstützt von ihren Söhnen und ihrer Tochter, die alle tatkräftig mithelfen und ihre Erfahrungen als Metzger bzw. Kreuzfahrtkoch mit ins Geschäft einbringen.

Öffnungszeiten
Täglich ab 7 Uhr

Anschrift & Kontakt
Hauptstraße 40
97461 Hofheim-
Goßmannsdorf
Tel.: 09523-1507

Café Kupfer

GENUSSTEMPEL

Einmal mehr wird es süß in Hofheim! Bäcker- und Konditormeister Peter Kupfer führt aktuell den „alten Beck", der allerdings längst seinen Schwerpunkt vom Thema Wein zum Thema Edelsüßkram gewechselt hat. So kommen die Schleckermäulchen schon seit vielen Jahrzehnten in die Marktstraße, um sich hier Schokolade um den Mund schmieren zu lassen. Ein Highlight war für uns auch das selbst gemachte Eis, von dem wir gleich fünf Kugeln verkosteten. Für die eher deftigen Gemüter gibt es einen hochgelobten Jägertoast und Brotzeiten, zu denen dann Wein oder Bier genossen werden kann.

Speisen

Umfassendes Angebot an hausgemachten Kuchen, Torten und Gebäck, selbst hergestelltes Eis (10 verschiedene Sorten), verschiedene hausgemachte Pralinen und auch Lauensteiner Pralinen (offene Pralinen sowie fertige Präsentschachteln), echte Vollkornbrote. Kleine warme Gerichte (von der Suppe über Toast bis zur Hausmacher Platte). Spezialitäten: Jägertoast, Lübecker Nusssahne-Torte, reines Roggenvollkornbrot.

Getränke

Verschiedene Kaffeespezialitäten (alle auch „to go"). Verschiedene Frankenweine, großes Bierangebot (vorwiegend Flaschenbiere der Tucherbräu, verschiedene Weizenbier- und Pilssorten).

Plätze (innen/außen)

50/0

Unser Tipp
Lübecker Nusssahne

Öffnungszeiten

Di bis Sa 7 bis 18 Uhr
So und Feiertage
10 bis 18 Uhr
Montag Ruhetag

Anschrift & Kontakt

Grüne Marktstraße 5
97461 Hofheim i. Ufr.
Tel.: 09523-324

Cafe Finger - Konditorei und Restaurant

WWW.CAFEFINGER.DE

Speisen

Hausgebackene Kuchen und Torten, Eis aus eigener Herstellung (14 Sorten, nur im Sommer), ca. 24 Sorten Pralinen aus eigener Herstellung. Brotzeiten und diverse warme Gerichte (auch kleine Gerichte). Spezialitäten: Fränkischer Käsekuchen, Engadiner Walnusstorte.

Getränke

Verschiedene Kaffeespezialitäten (auch zum Mitnehmen). Biere von der Kulmbacher Brauerei: Pils vom Fass und verschiedene Flaschenbiere (z. B. Schwarzbier, Hefeweizen, alkoholfreies Bier). Fränkische Weine (rot und weiß).

Plätze (innen/außen)

120/30

Unser Tipp

Wurzelbrot und Wurzelbrötchen

HMMMMMM

Bei dieser wahren Pracht aus Eis, Torten und Schokolade hat es uns schier die Sprache verschlagen. Konditormeister Günter Finger hat ein wahres Händchen für die süßen Leckereien und verwöhnt die Hofheimer schon seit bald 30 Jahren mit den Glückshormonen aus Pralinen & Co. Doch auch in Sachen Brot und Brötchen können er und seine Schwester Karin, die hinter der Theke steht, locker mit jedem anderen Bäcker mithalten. Besonders beliebt sind die knusprigen Wurzelbrote und -brötchen, die wie alles andere handgemacht sind.

Öffnungszeiten

Mo 7 bis 23.30 Uhr
Di bis Sa 7 bis 18 Uhr
So und Feiertage
10.30 bis 18 Uhr

Anschrift & Kontakt

Landgerichtsstraße 9
97461 Hofheim i. Ufr.
Tel.: 09523-209

Eiscafé Dolomiti

DOLOMITI TEIL 2

Auch in Hofheim gibt es einen Dolomiti-Ableger. Mitten in der Stadt treffen sich hier vor allem im Sommer die Schlecker-mäulchen des Ortes, um ihre Lieblinge aus den etwa 25 verschiedenen Eissorten zu verkosten. Interessant sind auch die Eiscocktails, die Stefanie und Taieb Bahroun hier servieren. Wer einmal eine Abwechslung vom kühlen Vergnügen sucht, sollte auch mal den Apfelstrudel des Hauses probieren, ebenfalls eine sehr leckere Angelegenheit!

Speisen

Hausgemachtes italienisches Eis, zwischen 20 und 25 verschiedene Sorten. Verschiedene Eisbecher, außerdem italienisches Tiramisu und Apfelstrudel.

Getränke

Verschiedene Eiscocktails. Verschiedene Kaffeespezialitäten (auch mit Alkohol). Kulmbacher Pils und Weizen.

Plätze (innen/außen)

40/50

Unser Tipp

Hausgemachtes Eis und Eiscocktails

Öffnungszeiten

In den Sommermonaten täglich 11 bis 22 Uhr

Anschrift & Kontakt

Hauptstraße 16
97461 Hofheim i. Ufr.
Tel.: 09523-502280

Fränkischer Hof

WWW.FRAENKISCHER-HOF-HOFHEIM.DE

Speisen

Feinbürgerliche Küche. Fränkische und internationale Gerichte. Fränkische Brotzeiten. Frische Salate. Verschiedene, wechselnde eigene Dessert-Kreationen. Spezialitäten: Rindersteaks, hausgem. Spätzle.

Getränke

Biere von der Schloßbrauerei/ Reckendorf: Kellerbier und Pils vom Fass, restliche Sorten aus der Flasche. Erdinger alkoholfreies und leichtes Weizen. Weiße und rote Frankenweine sowie französische Rot- und Roséweine. Sehr große Auswahl an Whiskys (ca. 20 Positionen). Heimische und internationale Edelbrände.

Plätze (innen/außen)

70/90

Unser Tipp

Polnische Gerichte (hin und wieder auf der Tageskarte)

VON RARE BIS WELL

Hat`s geklickt? Genau, es geht um Rindersteaks. Die gibt es bei dem gebürtigen Polen Jarek Trejgis vom feinsten, das heißt man bekommt nicht wie sonst oft in Franken eine totgebratene zähe Schuhsohle auf den Teller, sondern einen echten Leckerbissen, genau auf den Punkt gebraten. Als kleine Hommage an seine Heimat schreibt Jarek auch immer wieder polnische Gerichte auf die Tageskarte, ein echter Geheimtipp! Im Gegensatz zur denkmalgeschützten Fassade von 1762 finden Sie innen eine geschmackvolle, zeitgemäße Einrichtung, die keine Wünsche offen lässt. Ach ja, vergessen Sie die Whisk(e)y-Karte nicht!

Öffnungszeiten

Täglich 11.30 bis 14 Uhr und ab 18 Uhr Montag Ruhetag Auf Anfrage für Gruppen auch außerhalb dieser Zeiten geöffnet

Anschrift & Kontakt

Hauptstraße 4 97461 Hofheim i. Ufr. Tel.: 09523-502797

Gasthof zur Krone

Speisen

Gutbürgerliche Küche mit saisonalen Gerichten. Sonntags Mittagstisch mit verschiedenen wechselnden Bräten. Fränkische Brotzeiten.

Getränke

Brauerei Kaiser/Neuhaus: Weißbier vom Fass. Keller und Pils vom Fass von der Brauerei Raab/Hofheim. Verschiedene Flaschenbiere. Fränkische Weine (weiß und rot).

Plätze (innen/außen)

80/40

Unser Tipp

Sonntag Mittagstisch

GEBURTSHAUS DER REICHSRÄTE

Hier erblickten Gottfried und Josef Schmitt das Licht der Welt, die in der Geschichte der Rechtswissenschaften in Bayern eine bedeutende Rolle spielten und nach der Verleihung des Verdienstordens der Bayerischen Krone in den Adelsstand erhoben wurden, fortan also Ritter von Schmitt hießen. Josef Ritter von Schmitt ist seit 1889 Ehrenbürger von Bamberg und Namensgeber einer Straße in der Stadt. In der Krone kocht Isabella Pechmann, die das fast 400 Jahre alte Gasthaus gemeinsam mit ihrem Mann Fridolin führt. Freuen Sie sich auf gute Brotzeiten und sonntägliche Mittagsbräten.

Öffnungszeiten

Täglich ab 10 Uhr
Dienstag Ruhetag

Anschrift & Kontakt

Landgerichtstraße 8
97461 Hofheim i. Ufr.
Tel.: 09523-7373

Landgasthof Burgblick

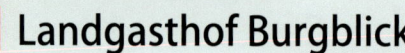
WWW.LANDGASTHOF-BURGBLICK.DE

Speisen

Warme Kleinigkeiten, verschiedene kurzgebratene Gerichte, Bräten, saisonbedingte Gerichte, Brotzeiten. Spezialitäten: Sauerbraten, fränkische hausgemachte grobe Bratwürste, Knoblauchschnitzel.

Getränke

Pils vom Fass von der Privatbrauerei Lang in Waltershausen und Kreuzbergbier aus Bischofsheim vom Fass. Weitere Flaschenbiere. Fränkische Weine (rot und weiß).

Plätze (innen/außen)

200/40

Unser Tipp

Knoblauchschnitzel

MIT EIGENEM CAMPINGPLATZ

Hier können Sie ihr Zelt zu Füßen der Bettenburg aufschlagen. Für Unbedarfte: Hier handelt es sich um ein Renaissance-Bergschloss, das mittlerweile zum heimlichen Wahrzeichen der Haßberge geworden ist. Die ursprüngliche Burg aus dem Jahr 1231 wurde komplett zerstört und 1535 in heutiger Form neu aufgebaut. Nach einer Zeit als Landschul- und Altersheim ist heute ein schickes Tagungszentrum daraus geworden, das einen kurzen Abstecher lohnt, wenn Sie bei Hellmuth Hauck zu Gast waren. Der wuchs bereits als Kind in den elterlichen Betrieb hinein und kocht seit 25 Jahren für die stets zufriedenen Besucher.

Öffnungszeiten

Täglich ab 17 Uhr
So und Feiertage ab 10 Uhr

Anschrift & Kontakt

Manauer Straße 4
97461 Hofheim i. Ufr.
Tel.: 09523-450

Ristorante-Pizzeria Rusticana

Speisen

Italienische und deutsche Spezialitäten: Pizza, Pasta, Fleisch- und Fischgerichte, Salate. Verschiedene Schnitzel. Fränkische Brotzeitplatten. Spezialitäten: Fischplatten und Antipasti (auf Vorbestellung).

Getränke

Biere von der Streck-Bräu/Ostheim v.d.R: Pils und Hefeweizen vom Fass sowie verschiedene Flaschenbiere. Italienische Weine und Frankenweine (weiß und rot).

Plätze (innen/außen)

80/60

Unser Tipp

Antipasti (auf Vorbestellung)

WILDER WEIN UND ROTE ROSEN

So präsentiert sich das ehemalige Deutsche Haus von außen. Drinnen kommt es als typisch italienisches Ristorante, in dem Papa Mario Tierno und Sohn Rene gemeinsam für die Gäste werkeln. Als gelernter Koch bringt Rene viele gehobene Akzente in die Küche ein, was für Besucher immer einen spannenden und anregenden Mix auf der Speisekarte bedeutet. Im Biergarten sorgen eine Riesen-Kastanie und ein kleiner Teich für angenehmes Flair, hier möchte man eigentlich gar nicht mehr weg ...

Öffnungszeiten

Anfang Sep. bis Ende Mai
Täglich 17 bis 23 Uhr
So und Feiertage 11.30 bis
14 Uhr und 17 bis 23 Uhr
Anfang Juni bis Ende Aug.
Täglich 11.30 bis 14 Uhr
und 17 bis 23 Uhr

Anschrift & Kontakt

Eichelsdorfer Straße 3
97461 Hofheim i. Ufr.
Tel.: 09523-501700

Landhotel Rügheim

WWW.LANDHOTEL-RUEGHEIM.DE

Speisen

Regionale gehobene Küche. Sonntags Mittagstisch mit zusätzlichen Tagesgerichten. Fränkische Brotzeiten. Sonntags hausgebackene Kuchen. Spezialitäten: Wildgerichte aus dem heimischen Revier.

Getränke

Biere: Pils und Weizen vom Fass von der Brauerei Göller/Zeil am Main. Kellerbier vom Fass von der Brauerei Hummel/Merkendorf. Verschiedene Flaschenbiere von beiden Brauereien. Frankenweine (weiß und rot), aber auch spanische und italienische Rotweine. Schnäpse aus der Gegend. Verschiedene Kaffeespezialitäten.

Plätze (innen/außen)

125/150

Unser Tipp

Saisonale Gerichte

DIE JÄGERIN AUF DER PIRSCH

Dagmar und Otto Kirchner sind nicht nur in ihren Jagdrevieren Königsberg und Unfinden unterwegs, seit Dezember 2010 betreiben sie auch das damals knapp 15jährige Hotel in Rügheim. Otto hat noch einen kleinen Nebenjob als Firmenchef von 1.600 Mitarbeitern. Kein Wunder, dass die beiden ihrem Hotel einen neuen, ausführlichen Wellnessbereich verpasst haben. Die Küche besticht im Restaurant durch feine Gerichte der gehobenen Klasse und eine hervorragende Auswahl an Spitzenweinen. In der Weinstube dagegen geht es etwas rustikaler, aber nicht minder gaumenschmeichelnd zu.

Öffnungszeiten

Täglich ab 17.30 Uhr
So und Feiertage
ab 11.30 Uhr
Auf Anfrage für Gruppen
auch außerhalb dieser
Zeiten geöffnet

Anschrift & Kontakt

Schlossweg 1
97461 Hofheim i. Ufr.-
Rügheim
Tel.: 09523-502930

Gasthaus zur Krone

BEIM PRATSCHER

Das ist der „Künstlername" von Richard Gerber, der mit seiner Frau Jana das Gasthaus zur Krone 1986 kaufte. Zuvor hatte es deren Mutter bereits viele Jahre gepachtet. Heute präsentiert sich das denkmalgeschützte Fachwerkhaus als Hort der schnellen, preiswerten Küche, die von Richard mit viel Engagement und Liebe geführt wird. Im Sommer sitzt man im Biergarten hinter dem Haus und kann prima entspannen.

Speisen

Große Auswahl an warmen Gerichten - fränkisch, griechisch und italienisch. Sonntags Mittagstisch mit extra Karte. Fränkische Brotzeiten im Sommer. Spezialitäten: Sauerbraten, Schäuferla, Kalbsbraten, Schweinebraten, Gyros vom Grill, hausgemachte Pizza.

Getränke

Lager, Pils und Weizen vom Fass, verschiedene Flaschenbiere. Frankenweine (weiß und rot). Williams-Brand aus der Gegend.

Plätze (innen/außen)

115/70

Unser Tipp

Gyros vom Grill

Öffnungszeiten

Mi bis Sa ab 17 Uhr
So und Feiertage ab 11 Uhr
Mo und Di Ruhetag

Anschrift & Kontakt

Hauptstraße 35
96166 Ebelsbach-Kirchlauter
Tel.: 09536-1388

Gasthaus Am Berg

Speisen

Fränkische Küche. Warme Gerichte nur auf Vorbestellung für Festlichkeiten. Fränkische Brotzeiten. Kuchen und Torten im Angebot. Spezialitäten: Fränkischer Sauerbraten, Wildgerichte (beides nur auf Vorbestellung).

Getränke

Biere von der Schloßbrauerei/Reckendorf: Pils, Kellerbier und Weizen vom Fass sowie verschiedene Flaschenbiere. Frankenweine aus der Region (weiß und rot). Selbstgemachte Liköre (z. B. Eier-, Schoko-, Pfefferminz- oder Latte Macchiato-Likör) und Schnäpse (Birne, Kirsch, Mirabelle, Korn) von Familie Hoh, selbstgemachter Whisky.

Plätze (innen/außen)

60/25

Unser Tipp

Selbstgemachte Liköre

FAGGYS KNEIPE

So heißt das Gasthaus bei den Einheimischen, nach dem Spitznamen von Andreas Hoch, der schon seit dem Kindergarten „Faggy" heißt. Andreas zeichnet gemeinsam mit Schwester und Schwägerin für den Laden verantwortlich, ebenso wie für Liköre, Brände und Whisky. In der Küche sind auch noch die Tanten der Familie engagiert, die ein kleines Feuerwerk an fränkischer Küche auf die Teller zaubern. Insbesondere zu den zahlreichen Feiern (Kappenabende!) und vor allem der Kirchweih (letztes Novemberwochenende) ist wirklich Schlemmen angesagt.

Öffnungszeiten

Täglich ab 16 Uhr
Dienstag Ruhetag

Anschrift & Kontakt

Hauptstraße 17
96166 Kirchlauter-
Neubrunn
Telefon: 09536-921815

Gutsgasthof Andres

WWW.GUTSGASTHOF-ANDRES.DE

Speisen

Hausmacher Brotzeiten. Frische, regionale, fränkische Küche. Verschiedene Fischgerichte. Die Speisekarte ist saisonal ausgerichtet und wird ca. alle 4 Wochen geändert. Spezialitäten: Fischgerichte, Sülze, Bratwürste.

Getränke

Verschiedene Biere: Dunkles vom Fass von Schroll in Reckendorf, Pils vom Fass von Göller in Zeil, Weizen von der Brauerei Simon in Lauf und Spezial-Rauchbier aus Bamberg. Ca. 30 Weinpositionen, rot und weiß, vorwiegend Frankenweine. Schnäpse, Brände und Liköre aus eigener Brennerei.

Plätze (innen/außen)

100/120

Unser Tipp

Eigener Hofladen mit selbst hergestellten Produkten

MIT BILDERBUCH-BIERGARTEN

Öffnungszeiten

Täglich ab 12 Uhr
Di und Mi Ruhetag

Anschrift & Kontakt

Pettstadt Nr. 1
96166 Kirchlauter
Tel.: 09536-221

Der Biergarten des Gutshofs liegt im Innenhof und am hauseigenen Weiher - drumrum Fachwerkgebälk, alter Baumbestand und der Geruch der Geschichte. Besonders schön ist die Lage unmittelbar am Wasser und die Möglichkeit, direkt um die Baumstämme zu sitzen. Mitte des 18. Jahrhunderts erbaut, erhielt Familie Andres nur etwa 100 Jahre später auch die Schankerlaubnis. Die Zukunft als Mittelpunkt der näheren Umgebung war begründet. In der Küche finden sich ausschließlich Produkte aus der Region oder aus eigener Landwirtschaft. Natürlich schmeckt's auch drinnen, aber im Sommer kommen Sie an diesem Garten nicht vorbei - für Kinder lockt übrigens sogar ein kleines Floß, mit dem sie auf dem Weiher schippern können.

Gutsgasthof Andres

Gasthof-Pension zum Böhlgrund

Speisen

Fränkische Küche, saisonale und regionale Gerichte. Teilweise auch internationale Gerichte (z. B. Rumpsteaks). Hausmacher Brotzeiten. Hausgebackene Kuchen und Torten. Spezialitäten: Hausmacher Bratwürste, Wildspezialitäten aus heimischer Jagd.

Getränke

Biere von der Pülsbräu/Weismain: Pils und Hefeweizen vom Fass sowie verschiedene Flaschenbiere. Weiße und rote Frankenweine aus der Region (eigener Silvaner und Müller-Thurgau). Selbst gemachte Liköre und Schnäpse.

Plätze (innen/außen)

165/150

Unser Tipp
Hausmacher Bratwürste

MIT GRILLBUFFET UND WIRTSHAUSSINGEN

Peter Roman Löbl ist ein wahrer Tausendsassa, wenn es um kulinarische Genüsse geht. Er macht Fleisch- und Wurstwaren selbst, setzt seine eigenen Liköre an und kümmert sich auch sonst um all die vielen Spezialitäten, die aus der Küche kommen. Für den guten Geschmack haben er, seine Schwester Beate Gütlein und seine Mutter Ursula sogar einen eigenen Kräutergarten mit über 70 verschiedenen Pflanzen angelegt, die auch allesamt bei den Rezepten des Hauses Verwendung finden. Wir empfehlen Ihnen besonders den Besuch an einem Dienstag, wenn es zwölf verschiedene Grillspezialitäten inklusive Wild und Fisch vom Grillbuffet gibt.

Öffnungszeiten

Anfang Mai bis Ende Okt.
Täglich ab 10 Uhr
Mo 10 bis 13 Uhr und
ab 17 Uhr
Anfang Nov. bis Ende Apr.
Täglich ab 10 Uhr
Montag ab 17 Uhr

Anschrift & Kontakt

August-Wacker-Straße 25
97478 Eschenau
Tel.: 09527-376

Gasthaus Kupferpfännla

Speisen

Gutbürgerliche, fränkische Küche. Cordon Bleu, Schnitzel und selbst gemachte Pizza gibt es immer, auf Bestellung für Festlichkeiten auch andere Gerichte. Fränkische Brotzeiten. Spezialitäten: Wildgerichte aus heimischer Jagd (nur auf Bestellung).

Getränke

Kulmbacher Mönchshof Original und Pils von Göller/Zeil vom Fass sowie verschiedene Flaschenbiere von beiden Brauereien. Frankenweine aus Volkach und Oberschwappach (rot und weiß).

Plätze (innen/außen)

90/0

Unser Tipp

Selbst gemachte Pizza

DANN DOCH SELBST

Eigentlich wollten Gisela und Herbert Werner das Gasthaus nur verpachten, als sie es 2001 bei einer Zwangsversteigerung erwarben. Doch fünf Jahre und einige Pächter später war klar, dass sie doch selbst das Ruder übernehmen mussten. Gisela schwingt den Kochlöffel, Herbert macht den Service und Sohn Manuel geht auf die Jagd. Dieses Konzept funktioniert gut, und die Gäste kommen vor allem am Wochenende in das über 800 Jahre alte Kirchdorf Hainert.

Öffnungszeiten

Fr, Sa und So ab 18 Uhr
Mo bis Do geschlossen
Nach Anmeldung auch an
diesen Tagen geöffnet

Anschrift & Kontakt

Mariaburghausener Str. 3
97478 Knetzgau-Hainert
Tel.: 09527-952245

Brauereigaststätte Russ

Speisen

Fränkische Küche, Schnitzel-
gerichte, aber auch Pizza und
Spaghetti. Sonntags Mittagstisch
mit verschiedenen Bräten. Sonntag nachmittags Kaffee und selbst
gebackene Kuchen. Spezialität:
Pfannenschnitzel.

Getränke

Verschiedene Flaschenbiere der
Kulmbacher Brauerei. Weiße und
rote Frankenweine. Fränkische
Schnäpse und Edelbrände.

Plätze (innen/außen)

70/12

Unser Tipp

Pfannenschnitzel

500 JAHRE AUF DEM BUCKEL

Die ehemalige Brauerei hat einen großen Teil der Knetzgauer Geschichte erlebt,
musste allerdings 1988 ihre Pforten schließen. Mit Irina Zoldak kam 2009 wieder
Leben in die Bude und nun steht eine gelernte Bibliothekarin am Herd, die jetzt
statt der alten die frisch geräucherten Schinken sortiert und auch äußerst leckere Pfannenschnitzel zaubert. Die rustikale Einrichtung hat noch ganz das alte Flair,
besonders schön ist es im Sommer, wenn man vor dem Haus neben einem kleinen
Bachlauf sitzen und die gute Küche der Polin genießen kann.

Öffnungszeiten

Täglich 11 bis 14 Uhr und
ab 17 Uhr
Montag Ruhetag

Anschrift & Kontakt

Westheimer Straße 8
97478 Knetzgau
Tel.: 09527-209

Gaststätte Drei Linden

GYROS MIT METAXASAUCE

Das ist der Klassiker auf der Speisekarte der Drei Linden, die seit sieben Jahren von Pavlos Sevastidis geführt werden. Vor dem Haus stehen die drei Namensgeber, große stolze Linden, die über das Geschehen in dem griechischen Restaurant wachen.

Speisen

Griechische und deutsche Küche. Spezialitäten: Gyros mit Metaxasoße nach Art des Hauses, Schnitzel mit Metaxasoße, Schweinesteak nach Griechischer Art, Kalamari, Lamm.

Getränke

Biere von der Kulmbacher Brauerei (Kapuziner Edelherb Pils, Kapuziner Weizen, Kapuziner Dunkel, Kapuziner Schwarzbier und Kellerbier). Frankenweine (vom Stammheimer Eselsberg, Weinbau Helmut Schindelmann) und griechische Weine.

Plätze (innen/außen)

35/35

Unser Tipp

Gyros mit Metaxasoße

Öffnungszeiten

Täglich ab 15 Uhr
So und Feiertage ab 10 Uhr
Mittwoch Ruhetag

Anschrift & Kontakt

Hauptstraße 38
97478 Knetzgau
Tel.: 09527-251

Gasthaus Mainaussicht

Speisen

Fränkische und gehobene Küche. Saisonale Gerichte. Spezialitäten: Fischgerichte, Wild- und Geflügel-gerichte, z. B. Perlhuhn, Entenragout mit Steinpilzen, Wildroulade.

Getränke

Frankenweine aus Sand am Main und auch internationale Weine (weiß, rot, rosé, Rotling). Verschiedene Flaschenbiere von der Eschenbacher Brauerei, Göller/Zeil am Main und Beck´s. Diverse Spirituosen, vom klaren Schnaps über Grappa und Cognac bis zu sehr edlen Armagnacs.

Plätze (innen/außen)

120/40

Unser Tipp
Entenragout

VON KINDESBEINEN AN

Gerhard Wojcinski hat wohl die beste Schule durchlaufen, die man als Koch erleben kann. Schon als Kind stand er mit Mutter und Großmutter hinter dem Herd. Die entdeckten sein außergewöhnliches Talent und förderten Gerhard, so gut sie nur konnten. Heute beglückt er seine Gäste mit kreativen fränkischen und internationalen Gerichten, eher jenseits der Klassiker wie Schäuferla und Haxe. Und genau deswegen kommen die vielen Stammgäste auch hierher, denn bei aller gehobener Küche sind die Preise am Boden geblieben.

Öffnungszeiten

Sa ab 18 Uhr
So und Feiertage ab 10 Uhr
Mo bis Fr geschlossen
Nach Voranmeldung auch
außerhalb dieser Zeiten
geöffnet

Anschrift & Kontakt

Maingasse 18
97478 Knetzgau
Tel.: 09527-267 o. -527

Mäder`s Scheune

WWW.MAEDERS-SCHEUNE.DE

Speisen

Verschiedene Brotzeiten. Auf Wunsch hausgebackene Kuchen und Torten. Warme Gerichte nur über Catering-Service nach Wunsch (von fränkischen Gerichten bis zur gehobenen Küche ist alles möglich). Spezialität: Scheunen-Brotzeitteller.

Getränke

Verschiedene Flaschenbiere der Brauerei Göller/Zeil am Main, auf Wunsch auch Fassbier möglich. Frankenweine aus der Umgebung (rot und weiß). Liköre und Schnäpse aus der Umgebung.

Plätze (innen/außen)

60/40

Unser Tipp

Für Feierlichkeiten aller Art

NUR FÜR GRUPPENSPEISER

Roland und Helga Mäder bauten 2003 eine Scheune ihres Hofes um, die nun als Veranstaltungsraum für Feierlichkeiten aller Art zur Verfügung steht. Das Angebot können die Feierwilligen dann etwa drei Wochen vor der Veranstaltung mit den Mäders absprechen. Bis zu 60 Personen und jede Menge Kinder (dank eigener Spielecke) passen hinein. Wir freuen uns, wenn Sie uns ein Foto von Ihrer Feier schicken!

Öffnungszeiten

Nur für geschlossene Gesellschaften, Gruppen, Festlichkeiten nach Anmeldung ab 20 Personen geöffnet

Anschrift & Kontakt

Weidengasse 14
97478 Knetzgau
Tel.: 09527-81350

Pizzarella Ristorante

Speisen

Italienische Spezialitäten (Pizza, Pasta, Salate, saisonale Gerichte), aber auch deutsche Gerichte (Schnitzel und Steaks). Wechselnde Desserts. Spezialitäten: Tagliatelle auf Lachs und Blattspinat, Muscheln (Sep. bis Apr.) in Wein- oder Tomatensoße, Pizza Capricciosa.

Getränke

Pils und Hefeweizen vom Fass von der Schloßbrauerei/Reckendorf. Verschiedene Flaschenbiere. Frankenweine und italienische Weine (weiß, rot, Rotling). Frankensecco. Italienische Kaffeespezialitäten.

Plätze (innen/außen)

90/70

Unser Tipp

Muscheln

ITALIENISCH MIT FLAIR

Marion und Haki Mehmeti haben in den letzten zehn Jahren ein beliebtes Pizza-Refugium in Knetzgau geschaffen. Dabei liegt man deutlich über dem Standard-Level, sowohl was die Qualität der Gerichte als auch den Service angeht. Freuen Sie sich also auf einen wahren Kurztrip nach Italien, drei Gänge sind Pflicht!

Öffnungszeiten

Täglich ab 17 Uhr
Montag Ruhetag

Anschrift & Kontakt

Seelohe 22
97478 Knetzgau
Tel.: 09527-1504

Café & Tenne Schloss Oberschwappach

WWW.SCHLOSS-OBERSCHWAPPACH.DE

Speisen

Fränkische, gutbürgerlich bodenständige, saisonal ausgerichtete
Küche. Sonntags Mittagstisch
mit verschiedenen Bräten, jeden
Sonntag Brunch. Fränkische Brotzeiten. Selbstgebackene Kuchen
und Torten.

Getränke

Pils vom Fass von der Kulmbacher Brauerei, Weizen und
Ungespundetes vom Fass von
der Brauerei Eichhorn/Dörfleins
sowie weitere Flaschenbiere.
Hauptsächlich Frankenweine,
aber auch ausländische Weine
(weiß und rot).

Plätze (innen/außen)

150/100

Unser Tipp

Brunch am Sonntag

DER HOCHZEITSTEMPEL

Vor allem für das Ja-Wort und die folgenden Feierlichkeiten bietet das Schloss Oberschwappach
eine ideale und gern genutzte Kulisse. Vor neun
Jahren erblickte die Gastronomie das Licht der
Welt, und seitdem geht es steil bergauf. Betriebs-
leiterin Doris Granzner war von Anfang an dabei
und zeichnet maßgeblich für die rustikale Küche
und die guten selbst gebackenen Kuchen verantwortlich. Es versteht sich beinahe von selbst,
dass der Ort auch im Sommer perfekt für einen
Zwischenstopp geeignet ist - es gibt übrigens
das gute ungespundete Bier von der Brauerei
Eichhorn aus Dörfleins.

Öffnungszeiten

Sa ab 17 Uhr
So und Feiertage
11 bis 17 Uhr
Mo bis Fr geschlossen
Für Gruppen ab 40 Perso-
nen nach Absprache auch
außerhalb dieser Zeiten
geöffnet

Anschrift & Kontakt

Schlossstraße 6
97478 Oberschwappach
Tel.: 09527-7280 oder
0172-8644720

Gaststätte „Zum Stern"

Speisen

Warme Gerichte nur auf Bestellung. Warme Kleinigkeiten wie Bratwürste oder Ripple gibt es immer. Hausmacher Brotzeiten. Spezialitäten: Blaue Zipfel, selbst gemachter Gerupfter.

Getränke

Verschiedene Flaschenbiere von der Brauerei Düll/Krautheim. Fränkische Weine vom eigenen Weinberg (Schwarzriesling, Müller Thurgau, Bacchus).

Plätze (innen/außen)

70/30

Unser Tipp
Gerupfter

GERUPFTER UND SCHWARZRIESLING

Das ist das Motto in der Gaststätte „Zum Stern", die früher über eine eigene Brauerei und Brennerei verfügte. Carola Schramm steht nun seit 40 Jahren hinter dem Tresen und in der Küche und bedient die vielen Stammgäste, Wanderer und Nachbarn, die hier so etwas wie ihr Wohnzimmer ausgemacht haben. Besonders beliebt sind die hauseigenen Weine, zu denen die Brotzeiten und der hausgemachte Gerupfte bestens passen.

Öffnungszeiten

Täglich ab 12 Uhr
Di und Sa 12 bis 17 Uhr

Anschrift & Kontakt

Scherenbergstraße 17
97478 Knetzgau-
Oberschwappach
Tel.: 09527-577

Hetzel`s Heck`n

WWW.WEINBAU-HETZEL.DE

Speisen

Zwei warme Gerichte. Fränkische Brotzeiten. Selbst gebackene Kuchen und Torten. Spezialitäten: Vo Ölles Öbbes, Kartoffeln mit Hausmacher Würst.

Getränke

Eigenbau-Weine (weiß und rot). Flaschenbiere von der Brauerei Göller/Zeil.

Plätze (innen/außen)

55/50

Unser Tipp

Vo Ölles Öbbes

REFUGIUM DES BLAUEN SILVANERS

Unter den Reben auf den zweieinhalb Hektar Anbaufläche der Hetzels befinden sich auch einige Stöcke des extrem seltenen Blauen Silvaners. Dieser gilt als die Mutter des grünen Silvaners und liefert etwas kräftigere Weine, manchmal mit einem Hauch von Zwiebelhautfarbe. Dazu schmeckt die hausgemachte Wurst von Hans und Elisabeth Hetzel besonders gut, allerdings haben uns auch die Rotweine überzeugt. Eine wahre Pracht ist das Anwesen übrigens im Spätsommer, wenn der gesamte Innenhof grünt und blüht.

Öffnungszeiten

Ab Mitte Jan. für 8 Wochen und ab Mitte Sep. für 8 Wochen
Fr bis So und Feiertage ab 14 Uhr
Mo bis Do geschlossen
Für Gruppen ab 20 Personen auf Anfrage auch außerhalb dieser Zeiten geöffnet

Anschrift & Kontakt

Scherenbergstraße 18
97478 Knetzgau-Oberschwappach
Tel.: 09527-207

Udo`s Heckenwirtschaft

Speisen

Täglich ein wechselndes Gericht. Fränkische Brotzeiten. Selbst gebackene Kuchen, z. B. Käseplotz. Spezialitäten: Marinierte Heringe, gebackene Griefenwurst, Bratwurst, Wildschweinschinken, blaue Zipfel.

Getränke

Eigenbau-Weine (weiß, rot und Rotling) - alle Weine werden ohne jegliche Restsüße ausgebaut, für alle Trockenweintrinker die richtige Adresse. Eigener Secco - genauso trocken wie die Weine. Hausbrauerbier von der Brauerei Bayer in Theinheim.

Plätze (innen/außen)

40/50

Unser Tipp

Cabernet Dorsa

OHNE VERSTÄRKER

Das trifft hier gleich zweimal zu: Einerseits, wenn die Musikanten in der Wirtschaft auflaufen, mit Steirischer Ziach (Harmonika) oder Zither, und andererseits in Bezug auf den Wein, der ausgesprochen trocken, also ohne jegliche Restsüße, ausgebaut wird. Ein echter Geheimtipp also für alle Trockenweinfans. Besonders profitiert davon der Cabernet Dorsa, eine Neuzüchtung aus Dornfelder und Cabernet Sauvignon, die es in Franken immerhin auf 20 Hektar Anbaufläche bringt. Der beste Zeitpunkt für einen Besuch ist der Donnerstag Abend, wenn es von Ende Juni bis Ende August frisch gegrillte Spareribs mit Salatbüffet gibt.

Öffnungszeiten

März/April und Sep./Okt.
Fr und Mo ab 18 Uhr
Sa ab 17 Uhr
So und Feiertage ab 15 Uhr
Di bis Do geschlossen

Anschrift & Kontakt

Scherenbergstraße 41
97478 Knetzgau
Tel.: 09527-650

Gasthof & Weinverkauf „Zum Zabelstein" Georg Steinmetz

WWW.FRANKENWEIN-STEINMETZ.DE

AM ZABELSTEIN

Von der einst so stolzen Burg auf dem Zabelstein stehen zwar nur noch einige mächtige Kellergewölbe und verfallene Mauern, aber der fleißige Wanderer findet ja bei Georg Steinmetz einen perfekten Platz zur Rast. Seine Familie betreibt die Wirtschaft seit 1875, heute ist die fünfte Generation am Ruder. Besonders hoch her geht es zu den Weinfest-Zeiten, wenn rund um den Gasthof ein buntes Sammelsurium an Sonnenschirmen von dem fröhlichen Treiben in dem sonnigen Steigerwald-Dörfchen kündet. Darunter versammelt sich dann ein nicht minder buntes Völkchen zur ausführlichen Verkostung von Scheurebe, Silvaner & Co., was oft bis spät in die Nacht andauern kann.

Speisen

Fränkische Küche. Hausmacher Brotzeiten. Hausgebackene Kuchen. Spezialitäten: Schnitzel, Kotelett, Hausmacher Platte.

Getränke

Eigenbau-Weine (weiß und rot). Verschiedene Flaschenbiere der Brauerei Kraus/Hirschaid. Fränkischer Williams Christ premium.

Plätze (innen/außen)

80/70

Unser Tipp

Schnitzel

Öffnungszeiten

Mi, Do, Sa und So
ab 11.30 Uhr
Mo, Di und Fr Ruhetag
Jeden letzten Sonntag im
Monat geschlossen

Anschrift & Kontakt

Zabelsteinstraße 17
97487 Knetzgau-Wohnau
Tel.: 09528-239

Gasthaus Kutscherkeller

WWW.KUTSCHERKELLER-WOHNAU.DE

Speisen

Deftig-fränkische Spezialitäten. Sonntags Mittagstisch mit zusätzlicher Karte. Fränkische Brotzeiten. Selbst gebackene Kuchen und Torten. Spezialitäten: Gerlinde`s original Wohnauer Kutscherschnitzel, Gerlinde`s Kutscherpfännla, Entenessen (auf Vorbestellung).

Getränke

Eigene Weine und fränkische Weine aus Wohnau (weiß und rot). Verschiedene Flaschenbiere der Brauerei Düll/Krautheim. Fränkische Schnäpse.

Plätze (innen/außen)

68/0

Unser Tipp
Wohnauer Kutscherschnitzel

MIT EIGENER BAND

Für Gerlinde und Norbert Klug ist der Kutscherkeller zwar nur ein Nebenerwerb, sie sind aber mit ganzem Herzen bei der Sache. Norbert sogar mit eigener Stimme, denn als die eine Hälfte vom Duo Alberto bringt er regelmäßig Stimmung in die Bude. Übrigens befindet sich der Kutscherkeller tatsächlich im Keller, und man kann auch direkt vom Haus aus Kutschfahrten unternehmen. Der Name ist also absolut Programm. Getreu dem Motto „Das Leben ist viel zu kurz, um schlechten Wein zu trinken!" haben sich die beiden den feinen Köstlichkeiten von Herd und Backofen - und natürlich vom eigenen Weinberg verschrieben.

Öffnungszeiten

Anfang Okt. bis Ende März
Fr und Sa ab 18 Uhr
So ab 11 Uhr
Mo bis Do geschlossen
Für Gruppen ab 25 Personen nach Anmeldung auch außerhalb dieser Zeiten geöffnet
Anfang Apr. bis Ende Sep.
Nur auf Vorbestellung und für Festlichkeiten jeder Art von 80 bis 350 Personen in der Kutscherscheune geöffnet

Anschrift & Kontakt

Am Graben 3
97478 Knetzgau-Wohnau
Tel.: 09528-1457

Schmitt`n Hof Brotzeitkaller

WWW.SCHMITTN-HOF.DE

Speisen

Fränkische, bodenständige Küche. Hausmacher Brotzeiten. Hausgebackener Käseplotz. Spezialitäten: Hausmacher Bratwürste.

Getränke

Weiße Eigenbau-Weine sowie rote Frankenweine. Verschiedene Flaschenbiere der Brauerei Göller/ Zeil. Fränkische Schnäpse.

Plätze (innen/außen)

50/40

Unser Tipp

Hausmacher Bratwürste

IMMER WAS LOS AUF`M SCHMITT`N HOF

Hier am Fuße des Zabelsteins steht seit mindestens vier Generationen der Hof der Familie Schmitt. Aktuell sind Eva-Maria und Erwin am Ruder, unterstützt von ihren Kindern. Sie alle sehen sich in einer eher modernen Tradition des Erlebnisbauernhofes. Das bedeutet, dass immer etwas geboten ist und man dabei noch jede Menge lernen kann. Beispielsweise über die vielfältige Natur, die seit der Renaturierung des Zabelbaches grünt und blüht. Eigene Kräuterführer erzählen den Gästen über Akelei, Mehlprimel & Co. Der Brotzeitkaller lädt alle zwei Wochen zum leckeren Mahl, auf der Website finden Sie weitere Termine, wenn beispielsweise zum Hofschoppenfest oder Kappenabend geladen wird.

Öffnungszeiten

Alle 14 Tage (ungerade Wochen)
Fr ab 17 Uhr
Ansonsten für Gruppen ab 30 Personen nach Anmeldung geöffnet

Anschrift & Kontakt

Zabelsteinstraße 15
97478 Wohnau
Tel.: 09528-1285

Weinstube - Ristorante - Basilico

Speisen

Italienische Spezialitäten, hausgemachte Pizza, Nudelgerichte, Fisch- und Fleischgerichte, Antipasti, Salate, saisonale Gerichte, selbst gemachte belegte Fladenbrote. Fränkische Gerichte. Verschiedene Desserts (z. B. Panna Cotta und Tiramisu).

Getränke

Italienischer Landwein und Frankenwein aus dem Fass. Ein Wein heißt sogar Abendrot, (rot, weiß, Rotling). Flaschenweine. Biere von der Kulmbacher Brauerei: Mönchshof Pils, Kapuziner Weizen und Kellerbier aus den Fass. Limoncello, Walderdbeerlikör und weiteres.

Plätze (innen/außen)

75/70

Unser Tipp

Belegte Fladenbrote

DER HOBBY-ITALIENER

Eigentlich handelt(e) es sich hier um eine klassische Weinstube, die einst die Schwiegereltern von Walter Abendroth als Heckenwirtschaft führten. Nun aber gibt es neben den Weinen auch feine italienische Gerichte, dazu dudelt original italienisches Radio via Satellit. Die Ader zur italienischen Küche hat Walter von seiner Mutter, einer waschechten Italienerin aus Cilento in Süditalien.

Öffnungszeiten

Sa ab 17 Uhr
So und Feiertage
ab 11.30 Uhr
Mo bis Fr geschlossen
Für Gruppen ab 15 Personen
nach Anmeldung auch außerhalb dieser Zeiten geöffnet
(Öffnungszeitenkalender
auf der Homepage zu finden -> grüne Tage geöffnet)

Anschrift & Kontakt

Höhstraße 2
97478 Zell am Ebersberg
Tel.: 09529-981414 o. -403

Gaststätte Zum alten Bach

AM BACH

Da liegt diese griechisch eingerichtete Gaststätte, die von Sofia und Georgios Ntaiakas betrieben wird. Die beiden bieten die klassische griechische Küche, dazu aber auch Brotzeiten, Schnitzel und Steaks. Sie haben das Lokal vor über 20 Jahren übernommen und sind ein fester Bestandteil des Lebens in Zell geworden.

Speisen

Griechische und deutsche Küche. Einige Brotzeiten (z. B. Camembert, Salamibrot). Spezialitäten: Gyros, Calamaris, verschiedene gemischte Platten, Souflaki, Cordon Bleu, Jägerschnitzel, Steak auf Brot oder mit Beilagen.

Getränke

Brauerei Zenglein/Oberschleichach: Pils vom Fass. Verschiedene Flaschenbiere von Erdinger. Griechische Weine und Weine aus Zell am Ebersberg (rot und weiß).

Plätze (innen/außen)

40/30

Unser Tipp

Gemischte Platten

Öffnungszeiten

Täglich 11 bis 14 Uhr und 17 bis 22 Uhr
Montag Ruhetag

Anschrift & Kontakt

Sander Straße 4
97478 Knetzgau-
Zell am Ebersberg
Tel.: 09529-284

Heckenwirtschaft Elke Mahr

Speisen

Immer 1-2 warme Gerichte. Hausmacher Brotzeiten. Hausgebackene Kuchen und Torten. Spezialitäten: Hausmacher Wurst, blaue Zipfel.

Getränke

Eigenbau-Weine (weiß, rot und Rotling). Flaschenbiere von der Brauerei Göller/Zeil am Main. Schnäpse und Obstbrände aus eigener Erzeugung. Eigener Apfelmost.

Plätze (innen/außen)

59/60

Unser Tipp

Blaue Zipfel

KLEIN, ABER OHO!

Der kleine Weinbau der Mahrs bringt es immerhin auf sechs verschiedene Weinsorten und hat auch Qualitätsweine im Sortiment. Wer möchte, kann sich auch zu einer kleinen Weinbergswanderung anmelden. Den Ausklang gibt's dann in der gemütlichen Heckenwirtschaft, die trotz Neubau einiges an Flair zu bieten hat. Dazu wird das kulinarische Angebot großteils selbst hergestellt und steht der Qualität des Weines in nichts nach.

Öffnungszeiten

Termine bitte vorher telefonisch erfragen
Sa, So und Feiertage
ab 14 Uhr
Mo bis Fr geschlossen
Für Busse und Gruppen
nach Anmeldung jederzeit
ganzjährig geöffnet

Anschrift & Kontakt

Silbersteige 3
97478 Knetzgau-
Zell am Ebersberg
Tel.: 09529-1303

Weinbau und Heckenwirtschaft Mühlfelder

WWW.WEINBAU-MUEHLFELDER.DE

ALTE ROTWEINTRADITION

1115 ließ Bischof Otto von Bamberg auf dem kleinen Ebersberg eine feste Burg als Sitz für seine Amtsmänner erbauen. Ein Bauernaufstand 1525 und hundert Jahre später die Schweden verwandelten das Gelände zwar wieder in einen Steinbruch, heute ist immerhin ein schöner Aussichtsplatz geblieben - und natürlich ein wunderbar geeigneter Weinberg, der schon seit mehr als 65 Jahren Rotweintrauben trägt. Unterhalb der steilen Hänge befindet sich seit 2002 in der Ortsmitte die Heckenwirtschaft der Mühlfelders, in der man die feinen Weine, aber auch hausgemachte Wurstspezialitäten verkosten kann.

Speisen
Immer drei warme fränkische Gerichte. Hausmacher Brotzeiten. Selbst gebackene Kuchen. Spezialitäten: Blaue Zipfel, Hausmacher Bratwürste, Weinteller, marinierte Heringe.

Getränke
Vielfältige Eigenbau-Weine (weiß und rot). Hausgebrannte Schnäpse und Liköre.

Plätze (innen/außen)
50/50

Unser Tipp
Weinteller

Öffnungszeiten
Dreikönig bis Ende Jan., Anfang März bis Anfang Mai, Anfang Sep. (für 2 Wochenenden) und Anfang Nov. bis Anfang Dez.
Fr ab 16 Uhr
Sa, So und Feiertage ab 14 Uhr
Mo bis Do geschlossen
Für Gruppen ab 15 Personen auch außerhalb dieser Zeiten geöffnet

Anschrift & Kontakt
Zeller Hauptstraße 38
97478 Knetzgau-
Zell am Ebersberg
Tel.: 09529-732 o. -951804

Heckenwirtschaft Müller

Speisen

Samstags gibt es Bratwürste, sonst keine warmen Gerichte. Hausmacher Brotzeiten. Selbst gebackener Käsekuchen. Spezialitäten: Große Winzerplatte, hausgemachter Flammkuchen, weißer Käse.

Getränke

Eigenbau-Weine (weiß, rot und Rotling), eigener Frankensekt und Secco (solange Vorrat reicht). Liköre und Brände aus dem Ort.

Plätze (innen/außen)

60/40

Unser Tipp

Hausgemachter Flammkuchen

WEISSER KÄS IM WEINFASS

Christine Müller ist Expertin für alles, was mit Käse zu tun hat. So macht sie neben Käsekuchen auch den Käse für den weißen Käs und für den Kuchen an sich selbst. Der schönste Platz für Gäste ist im Sommer eindeutig im Garten, wenn man sich in ein großes Weinfass hineinsetzen kann. Probieren sollten Sie natürlich auch die Weine des Hauses und den leckeren Flammkuchen! Samstags können Sie übrigens mit den Bratwürsten aus eigener Herstellung auch mal ein bisschen abwechseln ...

Öffnungszeiten

Nach Aschermittwoch bis Ostermontag und ab dem 2. WE im Sep. für 6-7 Wochen Fr, Sa, So und Feiertage ab 13.30 Uhr Mo bis Do geschlossen (außer an Feiertagen, die in diese Zeiten fallen) Für Gruppen nach Absprache auch außerhalb dieser Zeiten geöffnet

Anschrift & Kontakt

Am Burgstall 8 97478 Knetzgau-Zell am Ebersberg Tel.: 09529-520

Heckenwirtschaft Rippstein-Mojzis

Speisen

2 warme Gerichte: Bratwürste mit Kraut und überbackenes Baguette. Hausmacher Brotzeiten. Hausgebackener Käseplotz. Spezialitäten: Käseplatte, selbst gemachte Bratwürste mit Kraut, Hausmacher Wurst.

Getränke

Weiße und rote Eigenbauweine. Selbst gebrannter Weinbrand.

Plätze (innen/außen)

40/30

Unser Tipp

Hausmacher Bratwürste

IM ALTEN ARMENHAUS ...

... Entstand 1982 hier die erste Heckenwirtschaft von Zell. Zu genießen gibt es unter anderem als Hauswein Schwarzriesling, der wohl der Urvater der Burgunderfamilie ist und außer Wuchs und Form nichts mit Riesling zu tun hat. Hin und wieder kauft Familie Rippstein ein halbes Schwein, aus dem dann sehr feine Bratwürste entstehen - unbedingt probieren! Kleine Info für Geographen: Am Zeller Schlossberg liegt der Böhlgrund, das „Tor zum Steigerwald", Schnittpunkt der Regierungsbezirke Unter-, Mittel- und Oberfranken.

Öffnungszeiten

Ab Ostern (für 4 Wochen) und Anfang Aug. bis Anfang Sep. (für 4 Wochen)
Do und Fr ab 18 Uhr
Sa ab 17 Uhr
So und Feiertage ab 14 Uhr
Mo bis Mi geschlossen

Anschrift & Kontakt

Zeller Hauptstraße 16
97478 Knetzgau-
Zell am Ebersberg
Tel.: 09529-738

Winzerstube Schamberger

Speisen

Fr und Sa jeweils ein warmes Gericht. Große Auswahl an Brotzeiten. Spezialitäten: Frische belegte Laugenstangen, marinierte Heringe.

Getränke

Eigenbau-Weine (weiß und rot).

Plätze (innen/außen)

50/100

Unser Tipp

Marinierte Heringe

STOLZ AUF EIN VIERTELJAHRHUNDERT …

… Können Maria und Herbert Schamberger sein. So lange nämlich betreiben die beiden schon die Heckenwirtschaft und den Weinberg. Die Erfahrung mit den Reben konnte Herbert schon im Elternhaus sammeln, wo es eine kleine Anbaufläche gab. Nun aber ist mit den Kochkünsten von Maria eine weitere Attraktion hinzugekommen. Am Eingang begrüßen ein Weinfass und ein aus Reben gefertigtes Holzkreuz die Besucher, die vor allem auf der Freifläche von einem wunderschönen Blick auf den Schloßberg und die Kirche überrascht werden.

Öffnungszeiten

Palmsonntag bis Pfingsten und 1. WE im Sep. bis Allerheiligen
Fr ab 16 Uhr
Sa, So und Feiertage ab 14 Uhr
Mo bis Do geschlossen
Für Gruppen ab 15 Personen auf Anfrage auch außerhalb dieser Zeiten geöffnet

Anschrift & Kontakt

Am Burgstall 24
97478 Knetzgau-
Zell am Ebersberg
Tel.: 09529-666

Heckenwirtschaft Manfred Sponsel

WWW.WEINBAU-SPONSEL.DE

Speisen

Samstags blaue Zipfel auf
Gemüsesud, sonst keine warmen
Gerichte. Fränkische Brotzeiten.
Selbst gebackener Käsekuchen.
Spezialitäten: Hausmacher Platte,
Winzerplatte.

Getränke

Eigenbau-Weine (weiß und rot).

Plätze (innen/außen)

50/0

Unser Tipp

Käsekuchen

KLASSISCHE HECKE

Öffnungszeiten

Nach Dreikönig (für 6
Wochen) und ab Mitte Okt.
(für 3 Wochen)
Fr ab 16 Uhr
Sa, So und Feiertage
ab 14 Uhr
Mo bis Do geschlossen

Anschrift & Kontakt

Zeller Hauptstraße 63
97478 Knetzgau-
Zell am Ebersberg
Tel.: 09529-1284

Margit und Manfred Sponsel starteten 1984 mit ihrer eigenen Heckenwirtschaft, für die heute ihr Sohn Michael den Weinbau betreibt. Die Öffnungszeiten sind wie üblich variabel, weswegen Sie am besten vor dem Besuch anrufen sollten. Dabei können Sie dann auch gleich eine Kellerbesichtigung vereinbaren, das lohnt sich! Ab 15 Personen bieten die Sponsels auch eine Weinprobe an, dann lockt die Verkostung der verschiedenen Weiß- und Rotweine.

Wendebuch für Leib und Seele

WWW.GENUSSWEGWEISER.DE

Herzlich willkommen in Bamberg, Weltkulturerbe, Bierhaupt-stadt und Genussmetropole. Dieses einmalige Ensemble ist Grund genug für Hunderttausende von Touristen, jedes Jahr die Stadt an der Regnitz und ihr Umland zu besuchen. Die Gäste, aber auch die 70.000 Domstädter und 150.000 Landkreisbewoh-ner haben ein gemeinsames Hobby: Ausgehen und Genießen.

Egal, ob zum Mittagessen, auf ein gemütliches Seidla Bier oder zu einem abend-lichen Jazzkonzert, hier kommt jeder auf seine Kosten. Grund genug für uns, Ih-nen unsere Heimatstadt in ihrer vollen Vielfalt zu portraitieren. Dabei liegt der Schwerpunkt auf der fränkischen Küche, aber auch Cafés, Eisdielen, Italiener, Chi-nesen, Spanier, Kneipen und Clubs finden sich hier zuhauf.

Jetzt für nur 9,90 Euro erhältlich im Buchhandel oder über Amazon.de

Markus Raupach / Bastian Böttner
Der Genusswegweiser Bamberg
Stadt & Land / Die besten Kneipen
GuideMedia Verlag
264 Seiten | 9,90 Euro
ISBN: 978-3981269314

Erhältlich im Buchhandel,
auf www.bierpaket.de
oder www.amazon.de

Weitere Infos und Downloads auf
www.genusswegweiser.de

Gasthof zur frischen Quelle

Speisen

Kein warmes Essen. Hausmacher Brotzeiten. Spezialitäten: Rotwurst, weißer Presssack, Leberwurst.

Getränke

Biere von der Schloßbrauerei/Reckendorf: Pils vom Fass sowie verschiedene Flaschenbiere. Frankenweine aus Steinbach (weiß und rot). Hausgebrannte Schnäpse (Korn, Birnen- und Zwetschgenschnaps).

Plätze (innen/außen)

30/0

Unser Tipp

Hausmacher Brotzeiten

FRANKENKONZENTRAT

Hier bekommen Sie so etwas wie eine Essenz der fränkischen Brotzeitkultur. Fassbier, selbst gemachte Brotzeiten, darunter Presssack, Leber- und Rotwurst. Und damit das ganze dann im Magen den richtigen Abschluss findet, brennen Maria und Horst den flüssigen Nachtisch in Form von Korn-, Birnen- und Zwetschgenschnaps. Schon Horsts Großvater stand hier am Zapfhahn, die beiden stellen also die dritte Generation.

Öffnungszeiten

Nur auf Voranmeldung für Gruppen geöffnet

Anschrift & Kontakt

Köslauer Straße 3
97486 Königsberg i. Bay.-
Dörflis
Tel.: 09536-393

Eiscafé De La Luna

WWW.EISCAFE-DE-LA-LUNA.DE

Speisen

Ca. 50 verschiedene Eissorten aus eigener Herstellung im Wechsel (18 Sorten immer in der Theke), diverse Eisbecher, verschiedene Crêpes. Sonntag ab und zu hausgebackene Kuchen oder Torten.

Getränke

Verschiedene Flaschenbiere der Brauerei Göller/Zeil am Main. Verschiedene Kaffeespezialitäten. Auswahl an Cocktails und Likören. Frankenwein (weiß und rot).

Plätze (innen/außen)

40/0

Unser Tipp

Ausgefallene Eissorten, wie z. B. Roseneis oder Lebkucheneis.

WENN DER SCHMETTERLING KOMMT

Dann heißt es im Sommer für die Kinder an den umliegenden Badeseen: Auf zur rollenden Eisdiele von Nicole Melchior! Denn ebenso wie das Café in der Ortsmitte trägt auch der Eiswagen ein Dekor mit Schmetterlingen und ist deshalb auch schon von Weitem zu erkennen. Die pharmazeutisch-technische Assistentin lernte die Eismacherkunst nebenbei, verlegt sich aber spätestens seit der Eröffnung ihres Cafés 2008 immer mehr auf die süßkalten Bällchen. Die gibt es auf Wunsch auch als Eisbüffet für Festlichkeiten aller Art - und natürlich im Becher für das große Genusserlebnis zwischendurch.

Öffnungszeiten

Täglich 15 bis 20 Uhr
Für Gruppen nach Anmeldung auch außerhalb dieser Zeiten geöffnet

Anschrift & Kontakt

Manggasse 1
97486 Königsberg in Bayern
Tel.: 09525-981907

Gastwirtschaft Herrenschenke

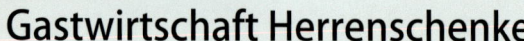

WWW.HERRENSCHENKE.COM

Speisen

Gutbürgerliche fränkische Küche. Große Auswahl an warmen Gerichten. Saisonale Gerichte. Hausmacher Brotzeiten. Verschiedene Salate (Wünsche werden, soweit möglich, erfüllt). Spezialitäten: Sauerbraten, Wildgerichte, Rumpsteaks, Rinderlendensteaks, Rindfleisch mit Meerrettich.

Getränke

Biere von der Brauerei Düll/Krautheim: Hefeweizen und Pils vom Fass sowie verschiedene Flaschenbiere. Frankenweine (weiß und rot).

Plätze (innen/außen)

120/50

Unser Tipp

Rindfleisch mit Meerrettich

NICHT NUR FÜR HERREN

In der Herrenschenke kocht die Chefin selbst. Anja Beyersdorfer führt den Familienbetrieb, der 2009 komplett renoviert und 2000 um das Hotel Goldner Stern (ohne Restaurant) erweitert wurde. Ursprünglich betrieb ihr Opa hier eine Bäckerei und später ein Café, nun landen saftige Rindersteaks und fränkische Bräten auf den Tellern. Alle zwei Wochen gibt es Brunch im Goldnen Stern, für den allerdings vorher reserviert werden sollte.

Öffnungszeiten

Täglich ab 9 Uhr
Montag Ruhetag

Anschrift & Kontakt

Marienstraße 3
97486 Königsberg in Bayern
Tel.: 09525-92320

Fachwerkromantik in Königsberg

Kunsthandwerkerhof

Speisen

Verschiedene kalte Kleinigkeiten, die gut zum Wein passen (in der Vinothek). Im Café gibt es zum Afternoon-Tee Sandwiches, Scones (mit clotted Cream und Konfitüre) und Kuchen sowie Süßigkeiten (Storath- und Lauenstein-Pralinen) - von unten nach oben auf einer Etagère serviert. Hausgebackene Kuchen.

Getränke

Ausschließlich regionale Frankenweine (weiß, rot, Rotling, rosé), Prosecco. Verschiedene Kaffee-Spezialitäten und offene Tees. Bionade.

Plätze (innen/außen)

20/24

Unser Tipp

Afternoon-Tee Sandwiches

SPEAKERS CORNER DER HASSBERGE

Die Bildhauerin Anne Marie Reiser-Meyerweissflog hat nicht nur einen langen Namen, sondern auch einen langen Atem. Mit dem machte sie aus dem alten Kommunbrauhaus von Königsberg ein spannendes Ensemble aus Galerie, Laden, Vinothek, Café und Plattform für Gespräche unterschiedlichster Menschen über die unterschiedlichsten Themen. Dazu gehören auch jede Menge Workshops in der kleinen Akademie des Hauses und weitere Künstler mit ihren Werken. Eine kleine Sensation ist auch die Palette an süßen Köstlichkeiten zum Tee oder Kaffee, sowie an Snacks zum Wein. Kurzum: Hier sollten Sie gewesen sein!

Öffnungszeiten

Mi bis So und Feiertage
ab 14 Uhr
Mo und Di Ruhetag

Anschrift & Kontakt

Braugasse 4
97486 Königsberg in Bayern
Tel.: 09525-1863

Pizza da Giuseppe

VON DER SCHMIEDE ZUM STEINBACKOFEN

Wo bis vor etwa zehn Jahren noch Metall geschmiedet wurde, zaubert heute Giuseppe Gabriele seine Pizza-Kreationen. Der Steinbackofen wird zwar elektrisch betrieben, aber der Geschmack begeistert die vielen Stammgäste trotzdem. Im Sommer sitzt es sich auch schön im Biergarten im Innenhof.

Speisen

Italienische Küche: Pizza aus dem Steinbackofen, Nudelgerichte, Antipasti, Salate. Belegte Sandwiches. Spezialität: Hausgemachte Pizza.

Getränke

Biere von der Brauerei Göller/Zeil am Main: Verschiedene Flaschenbiere. Weiße und rote italienische Weine. Verschiedene italienische Spirituosen.

Plätze (innen/außen)

35/20

Unser Tipp

Hausgemachte Pizza

Öffnungszeiten

Apr. bis Sep.
Täglich ab 11 Uhr
Montag Ruhetag
Okt. bis März
Täglich ab 17 Uhr
Montag Ruhetag

Anschrift & Kontakt

Eduard-Lingel-Straße 10
97486 Königsberg in Bayern
Tel.: 09525-981577

Pizzeria Victoria

Speisen

Italienische Spezialitäten (Pizza, Pasta, Fisch- und Fleischgerichte), verschiedene Salate. Auch deutsche Gerichte (z. B. Schnitzel), fränkische Bräten nur auf Vorbestellung. Spezialitäten: Fischgerichte, Pizza, Pasta.

Getränke

Pils vom Fass (Kulmbacher Brauerei). Flaschenbiere von verschiedenen Brauereien. Italienische und deutsche Weine (weiß und rot). Italienische Kaffeespezialitäten.

Plätze (innen/außen)

150/60

Unser Tipp

Pasta

MIT ZWEI TERRASSEN

Hier treffen sich fast immer dieselben Leute. Denn Vincenzo Anriulo hat eine breite Schar von Stammgästen, die selbst dann vorbeikommen, wenn sie nicht vor Ort essen können - dann holen sie sich ihre Pizza eben nach Hause. Die meisten Zufallsgäste kommen im Sommer, wenn die Sonne auf den beiden Terrassen lockt.

Öffnungszeiten

Mo bis Fr 10 bis 14 Uhr und
ab 16.30 Uhr
Sa, So und Feiertage
ab 10 Uhr

Anschrift & Kontakt

Regiomontanusstraße 29
97486 Königsberg in Bayern
Tel.: 09525-981544

Café zum Pflasterstein

DAS LECKERSTE ANTIQUARIAT DER WELT

Klein, intim und einfach schön - so präsentiert sich das Café zum Pflasterstein seinen Besuchern. Die Dekoration aus zahlreichen Antiquitäten und geschätzten 500 Fotos aus der ganzen Welt trägt das ihrige zu der gemütlichen Atmosphäre bei. Im Sommer kann man auch im urigen Hinterhof sitzen und die alten Patrizierhäuser des Städtchens bewundern. Unter dem Café befindet sich mit dem historischen Regiomontanuskeller ein wahres Kleinod aus dem 12. Jahrhundert - der perfekte Ort für Feiern mit bis zu 50 Gästen.

Speisen

Kleine Gerichte. Zum Teil selbst gebackene Kuchen, selbst gemachte Königsberger Waffeln.

Getränke

Weiße und rote Frankenweine (Weingut Rippstein/Sand am Main, Weingut Krüger/Donnersdorf, Weingut Burrlein/Mainstockheim). Verschiedene Flaschenbiere der Pülsbräu/Weismain. Verschiedene Kaffeespezialitäten.

Plätze (innen/außen)

50/50

Unser Tipp

Königsberger Waffeln

Öffnungszeiten

Ende Apr. bis Ende Okt.
Fr, Sa und So 12 bis 17 Uhr
Mo bis Do geschlossen

Anschrift & Kontakt

Salzmarkt 11
97486 Königsberg in Bayern
Tel.: 09525-981739

Vera`s Burgschänke

WWW.SCHLOSSBERGGASTSTÄTTE.DE

Speisen

Typisch fränkische bodenständige, aber auch gehobene Küche. Regionale Produkte. Speisekarte wechselt regelmäßig. Spezialitätenwochen (z.B. Steak, Lamm, Fisch). Sonntags immer frische Bräten. Fränkische Brotzeiten. Selbst gebackene Kuchen und Torten. Spezialitäten: Schloßberg-Grillteller, Schäuferle, Königsberger Schnitzel, Schloßberg-Torte.

Getränke

Biere von der Kulmbacher Brauerei: Mönchshof Original und Kapuziner Hefeweizen vom Fass sowie verschiedene Flaschenbiere (Kellerbier, Schwarzbier). Fränkische Weine (weiß und rot). Verschiedene Kaffee-Spezialitäten. Edelbrände aus Prappach.

Plätze (innen/außen)

163/285

Unser Tipp

Ritteressen (ab 20 Personen)

MITTELALTERMARKT UND OPEN-AIR-KONZERT

Vera und Joe Saal sind schon weit herum gekommen. Diese vielfältige Erfahrung kommt nun den Gästen der Burgschänke zugute, denn es gibt zahlreiche Veranstaltungen und viele Leckereien, darunter insbesondere die süßen Kreationen aus Veras Patisserie. Besonders spannend wird es, wenn zum Ritteressen oder an Hochzeitsfeiern die Feuershow steigt. Die beiden sind zudem auch noch künstlerisch kreativ: Vera beherrscht das Gemüseschnitzen und Joe fertigt Eisskulpturen. Der Besuch hier ist also ein echtes Muss, vielleicht verbinden Sie ihn auch mit einem Besuch der Rosen- und Gartenmesse im Juni.

Öffnungszeiten

1. Mai bis Ende Okt.: Täglich ab 11 Uhr
Anfang Nov. bis Ende Dez. und Anfang bis Ende Apr.: Täglich ab 11 Uhr, Mo und Di Ruhetag
Anfang Jan. bis Ende März: Sa und So ab 11 Uhr, Mo bis Fr geschlossen
Auf Anfrage für Gruppen auch außerhalb dieser Zeiten geöffnet, Öffnungszeiten variieren wetterbedingt (bitte anrufen)

Anschrift & Kontakt

Schlossberg 14
97486 Königsberg in Bayern
Tel.: 09525-981944

Wei`Stübla

WWW.WEISTUEBLA.DE

Speisen

Auswahl an warmen Gerichten und Brotzeiten. Dessert-Variationen. Zuckerbäckereien zu den Fest- und Feiertagen.

Getränke

Große Auswahl an Frankenweinen, aber auch Weine aus aller Welt (weiß, rot, rosé und Rotling). Vielfältiges Biersortiment. Edelbrände von der Brennerei Hans Reitinger in Prappach.

Plätze (innen/außen)

50/50

Unser Tipp
Saisonale Köstlichkeiten

AUS FUNK UND FERNSEHEN

Das Wei`Stübla war schon zweimal Star der Fernsehsendung „Schlemmen in Franken" - zu Recht, wie wir finden. Schließlich begeben sich Renate Klinger und Christina Fallenbacher zweimal im Jahr auf kulinarische Schatzsuche, das bedeutet, sie reisen umher und sichten neue Weine und Rezeptideen für Ihren Laden. Das führt dazu, dass sie alle zwei Wochen eine neue Spezialitätenkarte auflegen, die dann unter verschiedenen Mottos wie etwa „Grüße aus dem Morgenland", die Gäste begeistern.

Öffnungszeiten

Ganzjährig geöffnet
Mi bis So ab 18 Uhr
Fest- und Feiertage
ab 12 Uhr
Mo und Di Ruhetag

Anschrift & Kontakt

Eduard-Lingel-Straße 17
97486 Königsberg in Bayern
Tel.: 09525-8346

Gasthaus Schwarzer Adler

ANNO 1242

Soweit kann man die Geschichte des Hauses zurückverfolgen, zumindest, wenn man sich bis in die Katakomben des Kellers begibt. Hinter Tresen und Herd steht Doris Kirchner mit ihrem Team und das schon in der vierten Generation. Ursprünglich gab es auch eine eigene Metzgerei im Haus, heute werden die Brotzeiten nach den alten Rezepten vom Hausmetzger hergestellt. Der Biergarten besteht aus dem alten Innenhof, wo es übrigens neben den Krautheimer Bieren auch Weine aus dem eigenen Anbau und hauseigene Brände zu verkosten gibt.

Speisen

Fränkisch-bodenständige Gerichte. Sonntags Mittagstisch mit zusätzlicher Karte. Fränkische Brotzeiten. Spezialitäten: Gänse (im Herbst), Spanferkel (auf Bestellung).

Getränke

Weiße und rote Eigenbau-Weine. Hausgebrannte Schnäpse. Brauerei Düll/Krautheimer Biere: Pils vom Fass, restliche Sorten aus der Flasche.

Plätze (innen/außen)

70/70

Unser Tipp

Spanferkel (auf Bestellung)

Öffnungszeiten

Täglich ab 11.30 Uhr
Donnerstag Ruhetag

Anschrift & Kontakt

Zehntstraße 2
97486 Königsberg i. Bay.-
Unfinden
Tel.: 09525-303

Heckenwirtschaft **Braunreuther-Brochloss**

Speisen

Einige warme Gerichte (Bratwürste, Hawaii- und Bauerntoast, Weinbergsteller). Hausmacher Brotzeiten. Hausgebackene Kuchen. Spezialitäten: Hausmacher Bratwürste mit Kraut, Winzerplatte (Hausmacher Wurst, Schinken, Käse), Appetitbrot, Matjesbrot, Gerupfter.

Getränke

Eigenbau-Weine (weiß und rot).

Plätze (innen/außen)

60/50

Unser Tipp

Hausmacher Bratwürste mit Kraut

WENN DAS WAGENRAD ZUR LAMPE WIRD …

… dann sitzt man eventuell in dieser gemütlichen Heckenwirtschaft im Fachwerkörtchen Unfinden. Der Ort, der übrigens unter Ensembleschutz steht, hat drei wichtige Termine im Jahr: Am ersten Mai das Hoffest der Braunreuthers, am ersten Septemberwochenende das Sommerfest und in der Vorweihnachtszeit den „lebendigen" Adventskalender. Jedes Jahr bekommen verschiedene Familien in Unfinden eine Zahl zwischen 1 und 24 zugelost und schmücken eines ihrer Fachwerkfensterchen, von denen dann jeden Tag eines geöffnet wird. Ein schönes Spiel - besonders für die „Üflder" Kinder, die jeden Abend raten, welches wohl das nächste Türchen ist …

Öffnungszeiten

Anfang Feb. bis 8 Tage vor Pfingsten und Mitte Juli bis 8 Tage vor Weihnachten
Fr und Sa ab 17 Uhr
So und Feiertage ab 14 Uhr
Mo bis Do geschlossen

Anschrift & Kontakt

Schönaustraße 6
97486 Königsberg i. Bay.-Unfinden
Tel.: 09525-679

Heckenwirtschaft Rausch-Austel

WWW.HECKENWIRTSCHAFT-UNFINDEN.DE

GANZ OBEN

Unfinden liegt in einem der nördlichsten Weingebiete Frankens, das hat auch schon die Inhaberfamilie Rausch (nach der Heirat der Tochter jetzt Austel) erlebt, als beispielsweise in den 1980er Jahren die Rebstöcke erfroren waren und man deswegen 1985 von vorne beginnen musste. So liegt neben den Weinen (Müller-Thurgau und Bacchus) ein weiterer Schwerpunkt auf dem kulinarischen Bereich, wo Wurst, Käse und Kuchen selbst hergestellt werden.

Speisen

Karte mit 3 warmen Gerichten. Hausmacher Brotzeiten. Zusätzlich gibt es eine Tafel, auf der noch verschiedene wechselnde Gerichte stehen. Selbst gebackene Kuchen. Spezialitäten: Selbst gemachter weißer Käs, hausgemachte Bratwürste, einmarinierte Heringe.

Getränke

Eigene Weißweine. Antialkoholische Getränke.

Plätze (innen/außen)

40/0

Unser Tipp

Weißer Käs

Öffnungszeiten

Ende Jan. bis Mitte März (für 8 Wochen) und Anfang Sep. bis Ende Okt. (für 8 Wochen) Fr und Sa ab 17 Uhr So und Feiertage ab 14.30 Uhr Mo bis Do geschlossen

Anschrift & Kontakt

Königsberger Straße 10 97486 Königsberg i. Bay.- Unfinden Tel.: 09525-207

„Der Wein erfreut des Menschen Herz!"

Johann Wolfgang von Goethe

WWW.WEIN.BY

Schon der Dichterfürst brachte es auf den Punkt: Weinkultur ist essentieller Bestandteil der menschlichen Lebenskultur! Diese Maxime lernten die beiden mehrfachen Bestseller-Autoren Bastian Böttner und Markus Raupach schon bei Ihren ersten Recherchen im fränkischen Weinland kennen. Seit mehreren Jahren arbeiteten sie deshalb parallel zu ihren Klassikern am Start von „Frankens schönste Weinstuben und Heckenwirtschaften", dessen Erstauflage bereits innerhalb eines guten Jahres restlos ausverkauft war.

Deswegen nahmen Sie sich ein Herz und die zahlreichen Leserzuschriften zur Hand und besuchten weit über 200 neue Weinstuben und Heckenwirtschaften in ganz Franken, die zusammen mit den bereits aufgenommenen, die neu überprüft wurden, nun einen neuen Klassiker auf dem Buchmarkt versprechen. Die zweite Auflage bietet Ihnen über 300 Tipps zu Weinstuben und Heckenwirtschaften, im neuen, größeren Format, auf 384 Seiten. Außerdem haben die beiden Autoren noch ein besonderes Schmankerl für Sie aufbereitet: Deutschlands kleinstes Weinbaugebiet, die Baierweinregion bei Regensburg, findet sich in dem neuen Weinstubenführer komplett nachzulesen.

Die Mehrheit bilden allerdings natürlich die Weinstuben und Heckenwirtschaften in Weinfranken, jede für sich ein echtes Kleinod. Weinfranken, das bedeutet für Raupach und Böttner das Land um Mainviereck, Maindreieck, Steigerwald und Tauberfranken. Konkret zum Beispiel die bekannten Weinorte wie Volkach und Sommerach, inklusive deren Weinfeste, aber auch weniger Bekanntes wie Ziegelanger oder der neue Bamberger Weinberg am Michaelsberg. Auch die Aschaffenburger Gegend gehört zu den Kerngebieten des Führers in die erlebte Fränkische Weinkultur.

Zu jeder Weinstube oder Heckenwirtschaft gibt es natürlich die aktuellen Öffnungszeiten, Tipps zu den Spezialitäten und die bereits aus den anderen Titeln bekannte Ikonographie, z.B. wo es regelmäßig Musik gibt oder welche Örtlichkeit auch für Senioren besonders gut geeignet ist. Zusätzlich ist die jeweils beste Möglichkeit, mit öffentlichen Verkehrsmitteln anzukommen (Bus, Bahn), mit Haltestelle und Linie vermerkt. Auch geeignete Ausflugsziele für vor und nach dem Weingenuss sind reichlich vorhanden.

Lassen Sie sich also von den beiden Autoren mitreißen und entdecken Sie die Schönheit Weinfrankens!

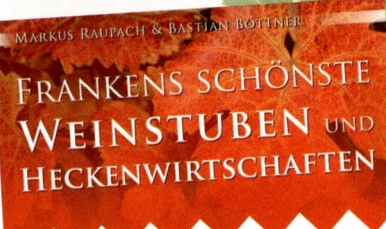

FRANKENS SCHÖNSTE WEINSTUBEN UND HECKENWIRTSCHAFTEN

300 TIPPS - UNABHÄNGIG RECHERCHIERT

MIT FALTKARTE WEINFRANKEN

SPECIAL: BAIERWEIN - DEUTSCHLANDS KLEINSTES WEINGEBIET

Markus Raupach / Bastian Böttner
Frankens schönste Weinstuben und
Heckenwirtschaften
Verlag Fränkischer Tag
384 Seiten | 14,90
ISBN: 978-3-936897-70-8

Erhältlich im Buchhandel und bei Mediengruppe
Oberfranken Buch- und Fachverlage
E.-C.-Baumann-Straße 5
95326 Kulmbach
Telefon 09221-949-311
Fax 09221-949377
s.sesselmann@mg-oberfranken.de

Weitere Infos und Downloads auf
www.wein.by

Wein.BY
WEINKULTUR ERLEBEN

Gasthaus Prediger

Speisen

Warme Gerichte nur auf Bestellung für Gruppen oder Feiern. Fränkische Brotzeiten. Spezialität: Hausmacher Wurst.

Getränke

Biere von der Schloßbrauerei Reckendorf: Pils und Dunkles vom Fass sowie verschiedene Flaschenbiere. Frankenweine (weiß und rot). Hausgebrannte Schnäpse.

Plätze (innen/außen)

70/0

Unser Tipp

Hausmacher Wurst

OFFEN IST, WENN WIR ZUHAUSE SIND

Das sind die Öffnungszeiten von Hildegard und Christian Prediger, wobei sie immer sicher ab 17 Uhr von ihren jeweiligen Jobs zurück sind und hinterm Tresen stehen. Ihr Gasthaus haben sie von den Großeltern übernommen, die den guten Ruf für die hausgemachte Wurst begründet haben. Die wird noch heute nach den alten Rezepten hergestellt und erfreut sich eines großen Freundeskreises. Hausgebrannte Schnäpse sind schließlich willkommener Abschluss einer deftigen Brotzeit. Jeder Fan von Greuther Fürth sollte einmal hier eingekehrt sein.

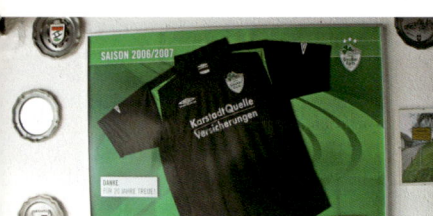

Öffnungszeiten

Täglich ab 17 Uhr

Anschrift & Kontakt

Burgring 12
96126 Altenstein
Tel.: 09535-388

Gasthof und Pension Hofmann

VON BAMBERG BIS ZUR RHÖN

So weit kann Ihr Blick an schönen Tagen schweifen, wenn sie auf den Ruinen der ca. 450 m über dem Meeresspiegel gelegenen ehemaligen Burg Altenstein stehen bzw. im wunderschönen Biergarten des Gasthofs Hofmann sitzen. Angelika und Andreas Behr führen den Betrieb seit 2007 als Pächter und legen gemeinsam mit Koch Ottmar Müller größten Wert auf regionale Rohstoffe. Heraus kommen nahezu alle Klassiker der fränkischen Küche und hervorragende hausgemachte Kuchen und Torten.

Speisen

Typisch fränkische, saisonal ausgerichtete Küche. Auf Bestellung ist fast alles möglich. Fränkische Brotzeiten. Hausgebackene Kuchen und Torten. Spezialitäten: Ochsenbrust mit Meerrettich, Pfifferlinge und Pilzgerichte (saisonal).

Getränke

Biere von der Brauerei Reh/Lohndorf: Zwickel, Landbier dunkel und Weizen vom Fass. Verschiedene Flaschenbiere. Frankenweine (weiß und rot). Hausgebrannte Schnäpse.

Plätze (innen/außen)

75/100

Unser Tipp

Ochsenbrust mit Meerrettich

Öffnungszeiten

Täglich ab 10 Uhr
Dienstag Ruhetag

Anschrift & Kontakt

Wilhelm-von-Stein-Str. 2-4
96126 Altenstein
Tel.: 09535-234994

Landgasthof „zum Altenstein"

WWW.ZUM-ALTENSTEIN.DE

Speisen

Fränkische und gehobene Küche. Frische Salate, Steaks und ganze Fische. Sonntags mittags fränkische Bräten. Fränkische Brotzeiten. Von Mai bis Ende August hausgebackene Torten. Spezialitäten: Rehbraten (sonntags), T-Bonesteak, Ribeye-Steak.

Getränke

Kulmbacher Pils v. Fass und versch. Flaschenbiere. Frankenweine und Weine aus aller Welt in sehr großer Auswahl, auch Raritäten. 50 Sorten Grappa und verschiedenste Brände und Edelbrände.

Plätze (innen/außen)

70/40

Unser Tipp

T-Bonesteak

ÜBER 2.000 FLASCHEN IM KELLER

Über zwei Stockwerke erstreckt sich der Felsenweinkeller von Jürgen Laatz. Unter den mehr als 2.000 Flaschen kostet die ein oder andere an die 2.000 Euro. Der ehemalige Gasthof Kolb ist also der perfekte Ort, wenn man einen richtig edlen Tropfen genießen möchte. Die Örtlichkeit kannte Jürgen Laatz schon seit seiner Kindheit, allerdings dauerte es viele Jahre, bis er sich gemeinsam mit seiner Frau auf der Suche nach einem Gasthof auf Altenstein zurückbesann. Der Koch aus Leidenschaft hat auch einen hohen Qualitätsanspruch an sich, und so kommt nur das Feinste auf den Teller. Vor allem Fischgerichte und Steaks sollten hier für Sie unbedingt auf dem Speiseplan stehen.

Öffnungszeiten

Mi bis Sa ab 18 Uhr
So ab 11.30 bis 14 Uhr und ab 18 Uhr
Mo und Di Ruhetag

Anschrift & Kontakt

Wilhelm-von-Stein-Str. 31
96126 Altenstein
Tel.: 09535-188167

Pizzeria zur Eisenbahn bei Nico

Speisen

Italienische (Pizza, Pasta, Fischgerichte, Salate) und deutsche Küche
(z.B. Schnitzel). Verschiedene Desserts. Selbst gebackene Kuchen
und Torten nur auf Bestellung.
Spezialitäten: Pizza, Fischgerichte.

Getränke

Verschiedene Flaschenbiere der
Brauerei Gampert/Weissenbrunn.
Kapuziner Hefeweizen aus der Flasche. Italienische Rot-, Weiß- und
Roséweine. Ab und zu selbst gemachter Limoncello und Fragolino
(saisonbedingt im Sommer).

Plätze (innen/außen)

50/12

Unser Tipp

Pizza

UN LIMONCELLO BUONO

Bevor der Vater von Nicola Rigatuso die Pizzeria 1986 eröffnete, war das hier ein
fränkischer Laden. Seitdem geht es auf italienisch steil bergauf, zumal Papa mit
Limoncello und Fragolino hervorragende Zitronen- und Erdbeerliköre selbst herstellt. Auch die Pizzen kommen bestens an und werden gerne zum Abholen bestellt
und dann zuhause gefuttert.

Öffnungszeiten

Di bis So 11.30 bis 13.30 Uhr
und ab 17 Uhr
Montag Ruhetag (außer an
Feiertagen)

Anschrift & Kontakt

Vorstadtstraße 31
96126 Maroldsweisach
Tel.: 09532-276

Brauerei Hartleb

EIGENER SCHNAPS UND EIGENE WURST

Das sind die beiden anderen Klassiker, die neben dem urigen Landbier für die frisch renovierte Brauereigaststätte der Hartlebs, auch „Zum grünen Baum" genannt, stehen. Alle drei zusammen garantieren an jedem schönen Sommertag auch einen vollen Biergarten. Die perfekte Erholung nach dem Besuch einer der zahlreichen nahegelegenen Sehenswürdigkeiten wie Burg Altenstein, Schloss Ditterswind, Schloss Hafenpreppach, Schloss Maroldsweisach, Schloss Pfaffendorf, Dorfkirche Pfaffendorf, Schloss Birkenfeld oder des Jüdischen Friedhofs.

Speisen

Fränkische bodenständige Küche, alles frisch zubereitet. So Mittagstisch mit verschiedenen Bräten. Hausmacher Brotzeiten. Spezialitäten: Hausgemachte Brotzeiten, halbe Hähnchen.

Getränke

Bier aus der eigenen Brauerei: Naturgeklärtes, unfiltriertes fränkisches Landbier vom Fass. Weiße Frankenweine. Pfälzer und spanischer Rotwein. Hausgebrannte Schnäpse (z. B. Korn, Williams, Mirabelle, Kirsche, etc.) und je nach Saison diverse Liköre (z. B. im Winter Eierlikör und im Sommer Kirschlikör, etc.).

Plätze (innen/außen)

160/100

Unser Tipp
Halbes Hähnchen

Öffnungszeiten

Täglich ab 9 Uhr
Mittwoch Ruhetag

Anschrift & Kontakt

Herrenstraße 9
96126 Maroldsweisach
Tel.: 09532-240

Restaurant-Pension Zum Wildspitz

Speisen

Fränkische Küche. Sonn- und feiertags Mittagstisch mit extra Karte. Hausmacher Brotzeiten. Selbst gebackene Kuchen an Sonn- und Feiertagen. Spezialitäten: Wildgerichte aus eigener Jagd, Steaks von deutschen Angus-Rindern.

Getränke

Biere von der Schloßbrauerei/ Reckendorf: Pils vom Fass und verschiedene Flaschenbiere. Frankenweine (weiß und rot). Schnäpse und Edelbrände von der Brennerei Wohlfart in Eggertshausen.

Plätze (innen/außen)

85/60

Unser Tipp

Steaks von deutschen Angus-Rindern

DAS DREI-JÄGER-HAUS

Papa Herbert Wohlfahrt und seine beiden Söhne Thomas und Ulrich gehen gerne auf die Jagd. Vor zwei Jahren haben die drei sich dann gedacht: Warum nicht ein Gasthaus draus machen? Gesagt, getan, der Wildspitz ward geboren, an den Wänden hängen die Trophäen der drei. Thomas steht am Herd, die anderen beiden erledigen den Service. Weitere Pläne beinhalten den Ausbau um eigene Fischteiche und einen Streichelzoo, man darf also gespannt sein, was die drei Herren noch so auf die Beine stellen in den nächsten Jahren ...

Öffnungszeiten

Fr und Sa ab 17 Uhr
So und Feiertage
10 bis 14 Uhr und ab 17 Uhr
Mo bis Do geschlossen
Für Gruppen ab 15 Personen nach Anmeldung auch außerhalb dieser Zeiten geöffnet

Anschrift & Kontakt

Gückelhirn 8
96126 Maroldsweisach
Tel.: 09532-583 oder
0173-3732399

Vulkanbiergarten auf dem Zeilberg

WWW.DWBF.DE

VULKANBIER UND FEUERZAPFEN

Hier gibt es tatsächlich einen alten Vulkan, den Zeilberg, auf dem das Anwesen steht. Das Basaltgestein wird heute noch im Steinbruch abgebaut. Der Vulkanbiergarten gehört zur Diakonie und beinhaltet ein Projekt zur Integration psychisch Kranker. Das Ganze läuft sehr harmonisch ab, die Gäste sind immer komplett begeistert und schwärmen von den kultigen Leckereien wie dem Feuerzapfen (Wurst im Speckmantel mit Spezialsauce) oder dem Zeilburger. In den Krug gibt es das dunkle ungespundete Vulkanbier, das die Brauerei Raab extra für den Biergarten braut und das es auch nur hier zu verkosten (bzw. im Fünfliterfass zum Mitnehmen) gibt.

Speisen

Warme Gerichte, Brotzeiten, kalte Platten: Fränkisch deftige Küche, einfache, schnelle Gerichte (z. B. Käse- und Wurstplatte, Zeilburger, Feuerzapfen). Ab und zu zusätzliche warme Gerichte an Sonn- und Feiertagen. Hausgebackene Kuchen an den Wochenenden. Spezialitäten: Zeilburger, Feuerzapfen.

Getränke

Vulkanbier (ausschließlich vom Fass und nur hier erhältlich), verschiedene Flaschenbiere der Privatbrauerei Raab in Hofheim. Weiß- und Rotweine.

Plätze (innen/außen)

40/120

Unser Tipp

Vulkanbier und Feuerzapfen

Öffnungszeiten

Anfang Nov. bis Ende März
So und Feiertage
11 bis 18 Uhr
Mo bis Sa geschlossen
Anfang Apr. bis Ende Okt.
Mi, Fr und Sa ab 15 Uhr
So und Feiertage ab 11 Uhr
Mo, Di und Do Ruhetag

Anschrift & Kontakt

Voccawind 45
96126 Maroldsweisach
Tel.: 09532-922726

157

Zum Gutshof

Speisen

Warme Kleinigkeiten (z. B. Bratwürste), fränkische Brotzeiten. Hausgebackene Kuchen und Torten (So). Spezialität: Schwarzwälder Kirschtorte.

Getränke

Biere von der Frankenbräu/Mitwitz. Frankenweine (weiß und rot).

Plätze (innen/außen)

60/30

Unser Tipp

Hausgebackene Kuchen

CAFÉ MIT STREICHELZOO

Pünktlich zur Jahrtausendwende eröffneten Ilse und Roland Schlund ihr Café, dessen Gastraum über ein wunderschönes historisches Kreuzgewölbe aus dem 15. Jahrhundert verfügt. Drumrum befindet sich der Bauernhof der Familie, mit Zimmern für Urlauber. Nicht nur die können dann gerne die vielen Tiere (Kühe, Kälber, Katzen Ziegen, Hühner) streicheln und beim Füttern helfen. Ein wahres Erlebniscafé, das die beiden hier in der Schlossanlage von Maroldsweisach geschaffen haben und das besonders am Sonntag einen Besuch wert ist, wenn die vielen selbst gebackenen Kuchen und Torten locken.

Öffnungszeiten

So ab 14 Uhr
Mo bis Sa geschlossen
Für Gruppen ab 10
Personen oder Busse nach
Absprache auch an den
anderen Tagen geöffnet

Anschrift & Kontakt

Schlossplatz 6
96126 Maroldsweisach
Tel.: 09532-980870 o. -1368

Gasthaus Jägerstüberl

GRILL-LIEFERSERVICE

Karola und Peter Finnie stellen schon die x-te Generation in dem Pfaffendorfer Wirtshaus, das schon immer ein wichtiger Meilenstein für Radfahrer bzw. Radwanderer auf dem Weg von Maroldsweisach nach Ebern bzw. andersrum war. Klassische Hausmannskost sowie Wild- und Fischspezialitäten stehen ebenso auf der Speisekarte wie hausgebackene Kuchen und Torten. Im Sommer sitzt man auch draußen wunderschön, wer mag, kann sich insbesondere die Grillspezialitäten auch zum Mitnehmen geben oder gleich nach Hause liefern lassen.

Speisen

Fränkisch-bodenständige Küche (Hausmannskost). Hausmacher Brotzeiten. Selbst gebackene Kuchen und Torten. Spezialitäten: Wild aus heimischen Wäldern, Lamm und Forellen aus eigener Aufzucht.

Getränke

Biere von der Brauerei Streck/ Ostheim vor der Röhn: Pils und Hefeweizen vom Fass sowie verschiedene Flaschenbiere. Frankenweine (weiß und rot).

Plätze (innen/außen)

115/50

Unser Tipp
Forelle

Öffnungszeiten

Täglich ab 10 Uhr
Montag Ruhetag

Anschrift & Kontakt

Am Bahnhof 1
96126 Pfaffendorf
Tel.: 09535-263

Gasthof Zur Sonne

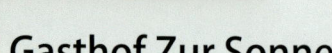

WWW.ZUR-SONNE-URLAUB.DE

Speisen

Fränkische, gut bürgerliche Küche. Hausmacher Brotzeiten. Selbst gebackene Kuchen und Gebäck. Spezialitäten: Schäuferla, Rindfleisch mit Meerrettich, gebackene Leber, Sülze mit Bratkartoffeln, Hausmacher Presssack.

Getränke

Immer fünf verschiedene Biere vom Fass von wechselnden Brauereien im Umkreis von 30 km. Frankenweine (weiß, rot und rosé), immer 10 offene Weine im Angebot. Verschiedene Hausbrände aus der Nachbarschaft.

Plätze (innen/außen)

250/200

Unser Tipp

Gebackene Leber

PAUSENCLOWN IN DER WEIBERWIRTSCHAFT

Metzgermeister Wolfgang Schober und sein Vater Nikolaus haben 23 Frauen um sich geschart. Gemeinsam zeichnen sie für das gute Image verantwortlich, das sich der Gasthof zur Sonne erarbeitet hat - immerhin kann man 2013 das 100jährige Familienjubiläum feiern. Wolfgang kümmert sich nicht nur um die Hausmacher Brotzeiten, sondern organisiert und unterhält die Gäste, was er selbst auch gerne mal mit dem Titel „Pausenclown" bezeichnet. Er kommt dabei immer super an, ein Zeichen dafür ist wohl, dass die 80 Betten des Hauses eigentlich immer ausgebucht sind.

Öffnungszeiten

Mo und Fr ab 16.30 Uhr
Di bis Do, Sa, So und
Feiertage ab 11.45 Uhr
Für Gruppen nach Anmeldung auch außerhalb dieser
Zeiten geöffnet

Anschrift & Kontakt

Hauptstraße 20
96126 Pfaffendorf
Tel.: 09535-241

Landgasthaus & Metzgerei Böllner

WWW.GASTHAUSBOELLNER.DE

SCHWEIN GEHABT

Hier muss das Glück sein Zuhause haben: Zwei amerikanische Mini-Pigs (haben nichts mit der gleichnamigen Band aus den 80ern zu tun) namens „Pink" und „Floyd" sind die Attraktion des Biergartens mit mediterranem Flair. Auf zwei Terrassen gibt es sowohl etwas für die Durstigen und vor allem auch für die Hungrigen: Es gibt zwar definitiv kein Mini-Pig-Fleisch, dafür aber viele Köstlichkeiten aus der hauseigenen Metzgerei. Weinfreunde lockt die kleine separate Weinstube.

Speisen

Hausmacher Brotzeiten. Fränkische Küche. Täglich Mittagstisch, am Wochenende fränkische Spezialitäten. Sonntags mittags und abends wechselnde Gerichte. Spezialitäten: Hausgemachte fränkische Brotzeiten, Hausmacher Wurstwaren in Dosen.

Getränke

Bier von Weiss Rössl-Bräu/Roßstadt: Lager, Pils und Weizen vom Fass. Große Auswahl an roten und weißen Frankenweinen.

Plätze (innen/außen)

170/200

Unser Tipp

Hausmacher Wurstwaren in Dosen

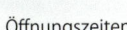

Öffnungszeiten

Sommer: Täglich 9 bis 14 Uhr (Gaststätte)
Täglich 16 bis 22.30 Uhr (Biergarten)
Montag Ruhetag
Winter: Di und Do 9 bis 13.30 Uhr
Mo, Mi, Fr und Sa 9 bis 13.30 Uhr und 16 bis 22.30 Uhr
So und Feiertage ab 9 Uhr
Montag Ruhetag

Anschrift & Kontakt

Von-Ostheim-Straße 42
97514 Oberaurach-Dankenfeld
Tel.: 09549-453

Lindenhof - Gasthaus, Pension und Biergarten

WWW.LINDENHOF-STEIGERWALD.DE

Speisen

Saisonale, regionale, bodenständige Küche, immer ein vegetarisches Gericht. Fränkische Brotzeiten. Hausgebackene Kuchen und Torten. Spezialitäten: Entenbraten, Schäuferle.

Getränke

Verschiedene Flaschenbiere der Schloßbrauerei Reckendorf, im Biergarten Kellerbier vom Fass. Frankenweine aus der näheren Umgebung (weiß und rot). Schnäpse und Edelbrände aus der Region.

Plätze (innen/außen)

58/100

Unser Tipp

Sehr schöne, individuell eingerichtete Gästezimmer

ABSCHALTEN IM STEIGERWALD

Über 100 Jahre schon herrscht hier in Fatschenbrunn Gastlichkeit pur. Und nachdem im Laufe der Jahrzehnte Wellness- und Spaßfaktor immer wichtiger wurden, hat man auch hier nach und nach aufgerüstet. Heute ist der Biergarten quasi ein großer Spielplatz, einerseits für die Kinder, andererseits aber auch für die Biergartenfreunde. Denn zu den zahlreichen Brotzeitklassikern gibt es auch noch sehr Feines aus der warmen Küche, wie beispielsweise den Entenbraten.

Öffnungszeiten

Fr ab 17 Uhr
Sa 11.30 bis 14 Uhr und
ab 16 Uhr
So und Feiertage
ab 11.30 Uhr
Mo bis Do Ruhetag
Für Gruppen ab 10 Personen nach Anmeldung auch außerhalb dieser Zeiten geöffnet. Wenn der Biergarten geöffnet ist, ist das Gasthaus geschlossen

Anschrift & Kontakt

Lindenstraße 7
97514 Oberaurach-
Fatschenbrunn
Tel.: 09529-981061

Weinstube-Weingut Nico und Salome Scholtens

WWW.WEINGUT-SCHOLTENS.COM

Speisen

7-8 hausgemachte Brotzeiten. Immer zwei kleine warme Gerichte. Selbst gebackene Kuchen. Spezialitäten: Käsefondue, selbst gemachter Kochkäse, Gerupfter.

Getränke

Große Auswahl an weißen und roten Eigenbau-Weinen. Eigener Riesling-Sekt. Verschiedene lose Teesorten und Kaffeespezialitäten.

Plätze (innen/außen)

55/40

Unser Tipp

Käsefondue

BEIM HOLLÄNDER IN DER SCHULE

So könnte man einem Gast die Weinstube der Familie Scholtens beschreiben. Und es ist wirklich etwas Besonderes: Wo früher die Kinder ABC und Einmaleins lernten, genießen heute die Erwachsenen die guten Weine des Hauses mit Kochkäse und Käsefondue. Die Vorliebe für Milchprodukte könnte Nico Scholtens in die Wiege gelegt sein, ist er doch stolzer Holländer, was auch die Dekoration in der Weinstube beweist. Im Garten des etwa 300 Jahre alten Hauses beginnt das Reich von Salome Scholtens, ein traumhafter Naturgarten mit jeder Menge seltener Pflanzen.

Öffnungszeiten

Sa ab 17 Uhr
So und Feiertage ab 14 Uhr
Mo bis Fr geschlossen
(Weinverkauf durchgehend)

Anschrift & Kontakt

Rieneckstraße 6
97514 Oberaurach-
Fatschenbrunn
Tel.: 09529-326

Gasthaus-Metzgerei Hotzel

Speisen

Hausmacher Brotzeiten und warme Kleinigkeiten. Mittags immer ein wechselndes warmes Gericht. Spezialitäten: Weißer und roter Presssack, Bratwürste, luftgetrocknete Salami, im Sommer Grillspezialitäten, im Winter Krautwurst.

Getränke

Bier von der Weismainer Pülsbräu (ausschließlich Fassbier: Weizen, Dunkles und Pils). Frankenweine aus der Gegend (jeweils ein Silvaner und ein Domina).

Plätze (innen/außen)

70/70

Unser Tipp

Weißer und roter Presssack

HAARSCHNITT ZUM SCHNITZEL

So war es vor vielen Jahren, als in dem Haus noch Metzgerei, Post, Brauerei und sogar der Friseur gemeinsam mit dem Gasthaus untergebracht waren. Diese Tage sind schon lange passé, heute bewirten Gerlinde und Karl Hotzel vor allem Stammgäste, die wegen der feinen Hausmacher Spezialitäten (immer noch aus eigener Metzgerei) immer wieder hierher finden. Alle hoffen übrigens auf die Wiederbelebung einer vor kurzem eingeschlafenen Tradition: Im Saal fanden regelmäßig Theateraufführungen statt, momentan fehlt den Darstellern leider die Zeit zum Proben.

Öffnungszeiten

Täglich ab 9.30 Uhr
Montag Ruhetag

Anschrift & Kontakt

An der Linde 1
97514 Oberaurach-
Kirchaich
Tel.: 09549-215

Gasthaus Albert

MUTTER UND SOHN

Die 80jährige Dorothea Albert steht seit 1964 hinter Herd und Tresen, mittlerweile unterstützt sie ihr Sohn Michael nach Kräften. Die urige Dorfwirtschaft ist sich in all den Jahren treu geblieben und kann ein stattliches Stammpublikum vorweisen. Fremde kommen hier (leider) nur eher selten vorbei. Spätestens nach dem Essen schwärmen aber alle Gäste von der guten Küche mit ihren vielen fränkischen Klassikern. Vom Zapfhahn kommt gutes Kemmerner Bier - was will man also mehr?

Speisen

Fränkische Brotzeiten. Zur Kirchweih (am 1. Wochenende im September) große Auswahl an warmen Gerichten. Spezialität: Bocksbraten (zur Kirchweih).

Getränke

Biere von der Brauerei Wagner/ Kemmern: Weizen und Pils vom Fass sowie verschiedene Flaschenbiere. Fränkische Weine (weiß und rot).

Plätze (innen/außen)

70/30

Unser Tipp
Brotzeiten

Öffnungszeiten

Täglich 15 bis 22 Uhr
Dienstag Ruhetag

Anschrift & Kontakt

Bamberger Straße 8
97514 Oberaurach-
Kirchaich
Tel.: 09549-365

Gasthaus-Metzgerei Neundörfer

WWW.GASTHAUS-NEUNDOERFER.DE

Speisen

Bodenständige, gutbürgerliche Gerichte. Hausmacher Brotzeiten. An den Wochenenden hausgebackene Kuchen.

Getränke

Pils vom Fass und Kellerbier von der Mahrs Bräu Bamberg. Huppendorfer Vollbier und Franziskaner aus der Flasche. Frankenweine (weiß, rot und Rotling).

Plätze (innen/außen)

150/60

Unser Tipp

Hausmacher Brotzeiten

VIER GENERATIONEN

Seit über 150 Jahre betreiben die Neundörfers hier schon ihre Metzgerei mit zugehörigem Gasthof. Die Familie rotiert auf den verschiedenen Posten in beiden Läden, je nachdem, wer wann wo gebraucht wird. Kirchaich ist übrigens die mit Abstand größte Ortschaft in Oberaurach, wobei es einen Ort mit diesem Namen überhaupt nicht gibt, das Rathaus steht in Tretzendorf. Deswegen ist das Gasthaus auch ein bisschen Ortszentrum und Platz für die lokalpolitischen Diskussionen aller Art.

Öffnungszeiten

Täglich ab 11 Uhr
Montag Ruhetag

Anschrift & Kontakt

Bamberger Straße 14
97514 Oberaurach-
Kirchaich
Tel.: 09549-339

Gasthaus Neumann

WWW.NEUMANNS-KULINAR.DE

GASTHAUS MIT CATERING

Brigitte Neumann hat einen ganz besonderen Draht zu ihrem Mann Peter. Der nämlich steht in Haßfurt im Neumanns mit drei Köchen hinter dem Herd und versorgt die Gäste von Brigitte in Neuschleichach gleich mit. Sehr praktisch, wie wir finden. Das Gasthaus wurde übrigens vor einem guten Jahrzehnt komplett entkernt und renoviert, allerdings blieb der Gastraum mit seiner urigen Einrichtung dankenswerterweise komplett erhalten. Merken Sie sich auf jeden Fall den monatlichen Brunch-Termin vor, das ist ein echter Termin für Leckermäuler.

Speisen

Fränkische Gerichte. Sonntags Mittagstisch mit verschiedenen Bräten. Fränkische Brotzeiten. Sonntags Kaffee und selbst gebackene Kuchen. Einmal im Monat Brunch.

Getränke

Biere von der Weismainer Pülsbräu: Pils und Kellertrunk vom Fass, verschiedene Flaschenbiere. Verschiedene Weiß- und Rotweine, überwiegend Frankenweine.

Plätze (innen/außen)

80/15

Unser Tipp

Einmal im Monat Brunch

Öffnungszeiten

Mi bis Fr ab 17 Uhr
Sa ab 15 Uhr
So ab 11 Uhr
Mo und Di Ruhetag

Anschrift & Kontakt

Armin-Knab-Straße 27
97514 Neuschleichach
Tel.: 09529-529

Gasthaus zum Steigerwald

Speisen

Traditionelle fränkische Küche (frische Hausmannskost). Sonntags Mittagstisch mit Klößen und verschiedenen Bräten. Von Oktober bis April immer donnerstags „Schnickerli", saure Lunge, Herz. Fränkische Brotzeiten. Zu besonderen Anlässen und auf Vorbestellung Bocksbraten.

Getränke

Biere von der Brauerei Zenglein/ Oberschleichach: Pils vom Fass und verschiedene Flaschenbiere. Fränkische Weine (weiß, rot und Rotling).

Plätze (innen/außen)

60/60

Unser Tipp

„Schnickerli"

SCHNICKERLI AM DONNERSTAG

Preisfrage: Was sind Schnickerli? Wir lösen am Ende des Textes auf. Oma Magdalena Breitenberger ist Namensgeberin für den Spitznamen des Hauses „Die Machtl". Sie steht mit allen Angehörigen bis zum Enkel im Gasthaus und führt die über 70jährige Tradition der Pächterfamilie fort. Eigentümer ist die Brauerei Zenglein, deren feines Bier es auch zu den Spezialitäten aus Machtls Küche gibt. Dazu gehören Bocksbraten, saure Lunge und Herz sowie eine echte Rarität, die Schnickerli. Sie erinnern sich? Es handelt sich dabei um Kuheuter im Weißweinsud, allerdings nur donnerstags zu haben.

Öffnungszeiten

Normalerweise täglich ab 11 Uhr
Bitte vorher anrufen (und Öffnungszeiten nachfragen) Vorbestellung erwünscht

Anschrift & Kontakt

An der Glashütte 1
97514 Oberaurach-Neuschleichach
Tel.: 09529-595

Gasthaus zum Tell

VORBILD AUS DER SCHWEIZ

So ganz genau weiß keiner, woher der Name des Gasthauses zum Tell kommt. Die Legende sagt, dass wohl einer der früheren Hausbesitzer einen Apfelschuss wie der Schweizer Freiheitskämpfer hinbekommen hatte. Überhaupt hat das Haus eine bewegte Geschichte: Brauerei, Brennerei, Metzgerei, aber es hatte immer etwas mit den kulinarischen Genüssen zu tun. Heute zeichnet Anni Kraus für das Anwesen verantwortlich, deren Vater 1959 das Haus kaufte. Gemeinsam mit ihrer Schwiegertochter, die Konditorin ist, verwöhnt sie die Gäste sowohl mit Bräten als auch mit guten Kuchen und Torten.

Speisen

Fränkisch-bodenständige Küche. Sonntags Mittagstisch mit verschiedenen Bräten (6-7 Gerichte), unter der Woche abends warme Kleinigkeiten. Fränkische Brotzeiten. Hausgebackene Kuchen und Torten am Wochenende. Spezialitäten: Sauerbraten, Jägerbraten.

Getränke

Biere von der Brauerei Göller/Zeil: Pils vom Fass und verschiedene Sorten aus der Flasche. Einige Weine aus der Umgebung (drei Weißweine und ein Rotwein). Fränkische Schnäpse aus der Umgebung.

Plätze (innen/außen)

100/60

Unser Tipp

Bocksbraten zur Kirchweih Anfang August

Öffnungszeiten

Täglich ab 17 Uhr
Sa ab 14 Uhr
So und Feiertage ab 10 Uhr
Donnerstag Ruhetag

Anschrift & Kontakt

Armin-Knab-Straße 28
97514 Oberaurach-
Neuschleichach
Tel.: 09529-433

Brauerei-Gasthof Zenglein

Speisen

Fränkische, bodenständige Küche: Heimisches Wild, Karpfen (in den Monaten mit „r" im Namen), Forellen, Saiblinge, Steaks, verschiedene Bräten. Spezialitäten: Gepökelte Rinderzunge, fränkischer Sauerbraten, Wildgerichte.

Getränke

Eigene Biere vom Fass: Zengleins Pils und Zengleins Zwickel. Frankenweine aus der Umgebung (weiß und rot). Fränkische Schnäpse und Edelbrände.

Plätze (innen/außen)

150/60

Unser Tipp
Gepökelte Rinderzunge

TRADITION SEIT MEHR ALS 150 JAHREN

Hier würde sich der Urururgroßvater im Grabe nicht herumdrehen: Noch immer braut man das Bier nach den Rezepten aus den Gründerjahren der Brauerei (1846). Der heutige Familienchef Friedrich Zenglein zeigt auch stolz jedem Besucher die diversen Bierdevotionalien des Hauses. Die beiden Stammbiere, Pils und Zwickel, haben einen eigenen, kernigen Geschmack und hinterließen die Redaktion absolut überzeugt, genauso wie die vielen Stammgäste, die fast immer einen Kasten mit ins Auto packen, bevor sie wieder nach Hause fahren.

Öffnungszeiten

Täglich ab 8 Uhr
Di und Mi Ruhetag

Anschrift & Kontakt

Pf.-Baumann-Straße 21
97514 Oberaurach-
Oberschleichach
Tel.: 09529-92240

Hotel-Restaurant **Landhaus Oberaurach**

WWW.LANDHAUS-OBERAURACH.DE

Speisen

Fränkisch-bodenständige Küche, aber auch gehobene Gerichte. Saisonale Gerichte. Fränkische Brotzeiten. Hausgebackene Kuchen und Torten. Spezialitäten: Lammgerichte, Steaks.

Getränke

Biere von der Pülsbräu/Weismain: Hefeweizen und Pils vom Fass sowie verschiedene Flaschenbiere. Frankenweine (weiß, rot und Rotling).

Plätze (innen/außen)

80/60

Unser Tipp

Lammgerichte

MIT BAD UND SAUNA

Bei Silke und Andreas Mohr kann man so richtig entspannen, nicht nur in Hallenbad und Sauna, sondern auch als Gast am gedeckten Tisch, nachmittags bei hausgebackenen Kuchen und Torten und mittags und abends bei den bodenständigen fränkischen Gerichten. Dazwischen bietet sich ein Waldspaziergang zur Verdauung an, damit man sich den nächsten Gang auch redlich verdient hat. Was wir nicht verstehen konnten ist, dass das Haus auch Heilfasten anbietet ...

Öffnungszeiten

Täglich ab 7 Uhr
Montag Ruhetag

Anschrift & Kontakt

Steigerwaldstraße 23
97514 Oberaurach-
Oberschleichach
Tel.: 09529-92200

Gästehaus Schaaf

Speisen

Fränkische Küche und Fisch-spezialitäten. Am Wochenende Mittagstisch mit verschiedenen Bräten. Fränkische Brotzeiten. Spezialitäten: Wild aus heimischer Jagd, Fische lebend frisch (Karpfen, Forellen, Hecht, Zander).

Getränke

Biere: Brauerei Bayer/Theinheim: Landbier vom Fass und verschiedene Flaschenbiere, Weiß-Rössl/Roßstadt: Kaiser-Pils vom Fass und verschiedene Flaschenbiere, Göller/Zeil: verschiedene Flaschenbiere. Weiße und rote Frankenweine vom Weingut Götz in Zell am Ebersbarg.

Plätze (innen/außen)

100/50

Unser Tipp

Fische lebend frisch

NICHT SCHAF, SONDERN FISCH

Das ist das große Thema bei Famlie Schaaf. In familieneigenen Teichen ziehen Karpfen, Forellen, Hechte und Zander ihre Kreise, bis sie dann frisch auf Ihrem Teller landen - nach allerlei Leckerrezepten zubereitet. Daneben gibt es nicht minder frische Wildgerichte und das gute Bier aus der Brauerei Bayer in Theinheim. Ein absolut stimmiges Konzept, wie wir finden - und auch die Gäste zeigten sich alle höchst begeistert!

Öffnungszeiten

Mi bis Fr 10.30 bis 14.30 Uhr und ab 17 Uhr
Sa und So ab 10.30 Uhr
Mo und Di Ruhetag

Anschrift & Kontakt

Forellenweg 2
97514 Oberaurach-Tretzendorf
Tel.: 09522-485

Brauerei-Gasthaus Roppelt

WWW.BRAUEREIROPPELT.DE

VIELE ETAGEN

Der Roppelt-Keller erstreckt sich über fünf Ebenen, teils überdacht, an einem Berghang in Trossenfurt. Mit großen Bäumen gut beschattet und einem Spiel- und Fußballplatz für die Kinder bietet er für Familien ein perfektes Ambiente. Im Sommer sollte für Sie hier ein Pflicht-Halt liegen. Im Winter macht natürlich auch ein Besuch der Brauereigaststätte Sinn, die mit fränkischen Brotzeiten und vor allem den feinen Forellen und Karpfen aus dem eigenen Bassin aufwarten kann. Eine gute Gelegenheit, bei Michael Roppelt vorbeizuschauen, bietet sich auch zur Kirchweih, die jedes Jahr Ende Juli stattfindet.

Speisen

Fränkische, bodenständige Küche. An den Wochenenden Mittagstisch. Hausmacher Brotzeiten. Karpfen und Forellen lebend frisch aus eigenem Bassin.

Getränke

Eigenes Bier: Lager, Pils und Dunkel. Auswahl an weißen und roten Frankenweinen. Fränkische Schnäpse aus der Umgebung.

Plätze (innen/außen)

95/300

Unser Tipp

Bier und Brotzeit

Öffnungszeiten

Täglich ab 9 Uhr
Von Okt. bis Apr.
Di und Do Ruhetag
Von Mai bis Sept.
Dienstag Ruhetag

Anschrift & Kontakt

An der Steige 2
97514 Oberaurach-
Trossenfurt
Tel.: 09522-1840

Gasthaus Moser

Speisen

Warme Gerichte nur auf Bestellung. Hausmacher Brotzeiten. Spezialitäten: Weißer und roter Presssack, Göttinger, Schweinefleisch.

Getränke

Verschiedene Flaschenbiere der Brauerei Krug/Ebelsbach. Weißer Frankenwein, Rotwein aus der Pfalz.

Plätze (innen/außen)

50/25

Unser Tipp

Hausmacher Wurstwaren

ALLES WURST

Bei Heinz Moser liegt der Schwerpunkt eindeutig auf den selbst gemachten Wurstwaren, insbesondere seinem feinen weißen und roten Presssack. Dieser Klassiker auf fränkischen Bierkellern war früher übrigens eher ein Armeleuteessen, weil darin sonst nicht verwertbare Teile des Schweins verwurstet werden. Mittlerweile hat er aber - ähnlich wie das Schäuferla, auch ehedem eher Reststück als Spezialität - eine große Karriere hingelegt und hat einen breiten Freundeskreis gefunden.

Öffnungszeiten

Täglich ab 9 Uhr

Anschrift & Kontakt

Conrad-Vetter-Straße 14
97514 Oberaurach-
Trossenfurt
Tel.: 09522-302

Gastwirtschaft zum Steigerwald Leo Albert

DER KLEINE STEIGERWALD

Hier im Siedlungsgebiet von Trossenfurt liegt die kleine Gastwirtschaft von Erika und Leo Albert, die vor allem für Urlauber und Wanderer eine willkommene Gelegenheit zum Zwischenstopp darstellt. Viele kommen regelmäßig wieder, insbesondere Rad- und Motorradfahrer, für die es extra Stellplätze gibt. Aus der Küche sind vor allem die Brotzeiten beliebt, aber auch die hausgemachte Pizza hat einen eigenen Fankreis.

Speisen

Fränkische Küche mit kleinen warmen Gerichten und fränkischen Brotzeiten. Selbst gebackene Kuchen an den Wochenenden. Spezialitäten: Gemischte Brotzeitplatte, hausgemachte Pizza.

Getränke

Biere von der Pülsbräu/Weismain: Hefeweizen und Pils vom Fass sowie verschiedene Flaschenbiere. Frankenweine und Pfälzer Weine (weiß und rot). Williams-Birnenschnaps und Korn aus dem Ort.

Plätze (innen/außen)

50/0

Unser Tipp

Selbst gebackene Kuchen an den Wochenenden

Öffnungszeiten

Täglich ab 15 Uhr
Donnerstag Ruhetag

Anschrift & Kontakt

Klingenstraße 3
97514 Oberaurach-
Trossenfurt
Tel.: 09522-1683

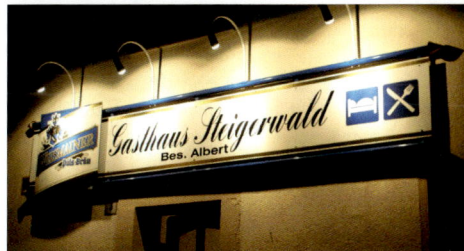

Hummelhof

WWW.DER-HUMMELHOF.DE

Speisen

Fränkische Brotzeiten. Täglich große Karte mit warmen Gerichten. Zusätzlich immer eine saisonale Karte (Bärlauch, Spargel, Pfiffer, Steinpilze, Geflügel, Wild). Selbst gebackene Kuchen. Spezialitäten: Zarte Steaks, Schweinelende, Pfiffer (saisonal), Gänsebrust (Weihnachtszeit), Lammbraten (Osterzeit).

Getränke

Bier von der Brauerei Hummel/Merkendorf: Kellerbier vom Fass, Pils, Räucherla. Kleinere Auswahl an roten und weißen Weinen ausschließlich von selbstausbauenden Winzern aus der Gegend.

Plätze (innen/außen)

100/70

Unser Tipp

Die Karte von A bis Z

NATUR PUR

Der Hummelhof liegt etwas abseits der Straße von Trossenfurt nach Hummelmarter auf der linken Seite. Das Haus mutet an, als wäre es nicht gebaut worden, sondern nach und nach aus der Erde gewachsen. Die Dächer sind mit Gras bewachsen, der kleine Innenhof und Biergarten wird von Wein um- und überrankt. Der Familienbetrieb setzt auf Selbstversorgung - alle Rohstoffe kommen aus der Region, sogar der Strom wird selbst erzeugt. Für Entertainment sorgen Ballonfahrten, ein 3D-Parcours für Bogenschützen und „Spezial-Golf". Sehr interessant auch: Eine Rennbahn, genannt „Formel 5", auf der schon Meisterschaften im Reitbiathlon ausgetragen wurden. Die Küche ist übrigens absolut köstlich, hier sollten Sie auf jeden Fall einmal gewesen sein!

Öffnungszeiten

Mi bis Fr ab 17 Uhr
Sa, So und Feiertage
ab 11 Uhr
Mo und Di Ruhetag

Anschrift & Kontakt

Hummelhof 1
97514 Oberaurach-
Trossenfurt
Tel.: 09522-5553

Fünf Sterne für Radfahrer

Mit den Fünf Sternen sind die Gemeinden Eltmann, Knetzgau, Oberaurach, Rauhenebrach und Sand am Main gemeint, die dieser anspruchsvollere Radweg verbindet. Bei dieser Rundtour von etwa 62 Kilometern Länge ist es eigentlich egal, wo Sie starten. Wir empfehlen Ihnen Eltmann oder Theinheim, wo auf jeden Fall ein Halt bei der Brauerei Bayer eingeplant werden sollte. Der Weg pendelt zwischen 227 und 363 Metern über dem Meeresspiegel mit schönen Aussichtspunkten auf dem Zabelstein und in Schindelsee.

Für Genießer bietet sich auch an, ein oder zwei Übernachtungen mit einzuplanen, dann bleibt auch genügend Zeit für die vielen Highlights der Strecke, zu denen neben (kunst-)historisch bedeutenden Stätten natürlich auch die vielen Gastronomien des vorliegenden Buches gehören. Sie radeln meistens abseits des Verkehrs, hin und wieder muss auf wenig befahrene Straßen ausgewichen werden.

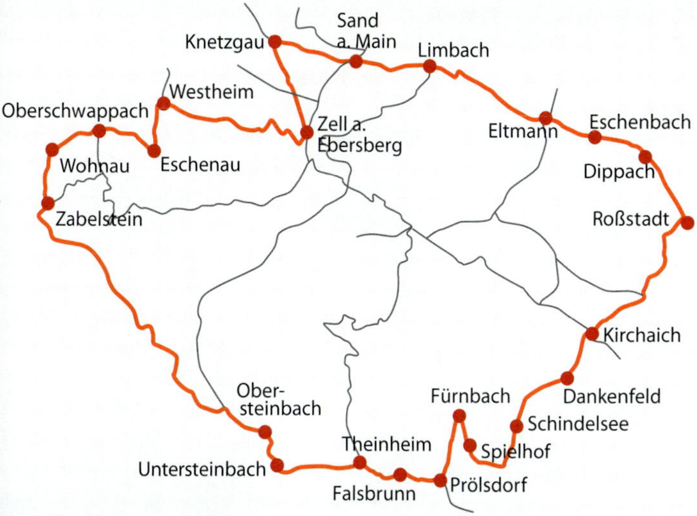

Map labels:
Sand a. Main · Knetzgau · Limbach · Westheim · Oberschwappach · Zell a. Ebersberg · Eltmann · Eschenbach · Wohnau · Eschenau · Dippach · Zabelstein · Roßstadt · Kirchaich · Ober-steinbach · Fürnbach · Dankenfeld · Schindelsee · Theinheim · Spielhof · Untersteinbach · Prölsdorf · Falsbrunn

Streckencharakter:

Die Strecke ist beschildert und für ge-
übte Radfahrer geeignet. Der überwie-
gende Teil der Route verläuft abseits
vom Straßenverkehr. Die Oberfläche
ist asphaltiert oder fein geschottert
(Forstwege). In wenigen Bereichen
muss auf schwach befahrene Straßen
ohne Radweg ausgewichen werden.

Besonderheiten:

Der 5-Sterne Wander- und Radwander-
weg verbindet die 5 Sterne-Gemein-
den des nördlichen Steigerwaldes:
Eltmann, Knetzgau, Oberaurach, Rauhenebrach und Sand am Main. Entlang
des Weges reihen sich landschaftliche,
historische und kunsthandwerkliche
Highlights aneinander. Aufgrund der
vielfältigen Übernachtungsmöglichkei-
ten kann er leicht in unterschiedliche
Tagesetappen eingeteilt werden.

Gasthaus Bühler

WWW.GASTHAUS-BUEHLER.DE

Speisen

Fränkisch-bodenständige Küche. Sonntags Mittagstisch, 1 x im Monat Bratensonntag (dann gibt es mittags verschiedene Braten-gerichte). Hausmacher Brotzeiten. Spezialitäten: Entenbrust mit selbstgemachten Klößen und Wirsing, Schweineschäuferla, Currywurst.

Getränke

Biere von der Schloßbrauerei/Reckendorf: Export vom Fass und restliches Sortiment aus der Flasche. Kulmbacher Kapuziner Hefeweizen (aus der Flasche). Weiße und rote Frankenweine aus der Region.

Plätze (innen/außen)

30/0

Unser Tipp

**Wildgerichte
(Wild aus der Region)**

SAUBILLIG UND SAUGUT!

Das ist das Motto der Bühlers, die dank eigener Metzgerei und komplett einge-bundener Familie günstige Rohstoff- und Personalkosten haben, die man an die Gäste weitergeben kann. So gibt es dann einmal im Monat am Bratensonntag jede Menge Bratengerichte für fünf Euro, und die Hütte ist voll. Die Gerichte können Sie sich via Partyservice auch für Ihre Feiern nach Hause kommen lassen. Das größte Manko ist, dass das Gasthaus über keine Außenplätze verfügt. Aber es gibt ja ge-nügend Regentage ...

Öffnungszeiten

Täglich ab 7 Uhr
Mittwoch Ruhetag

Anschrift & Kontakt

Alte Dorfstraße 4
96176 Kraisdorf
Tel.: 09535-319

Burggasthof Lichtenstein

WWW.BURGGASTHOF-LICHTENSTEIN.COM

ALLES NEU

Seit 2007 schwingt Enrico Mußbach das Zepter im Burggasthof. Hier kocht der Chef selbst, während Chefin Diana Mußbach bedient. Auch die Burg aus dem 12. Jahrhundert kann besichtigt werden. Zudem ranken sich viele mythische Geschichten um den Ort, an dem manch einer Erdstrahlen und Heilkräfte vermutet. Eine vermeintliche Kelten-Botschaft entpuppte sich allerdings bereits als Liebeserklärung eines Dorfbewohners.

Speisen

Täglich große Karte mit warmen Gerichten. Unter der Woche eher kurzgebratene Gerichte, an den Wochenenden fränkische Bräten. Hausmacher Brotzeiten. Hausgebackene Kuchen und Torten an den Wochenenden. 2-3 x im Monat warmes Buffet (Termine siehe Website). Spezialitäten: Hausmacher Wurst und Schinken, Geflügel aus eigener Zucht (Winterzeit).

Getränke

Biere von der Kulmbacher Brauerei: Pils, Hefeweizen und Kellerbier vom Fass, Kristallweizen, alkoholfreies und schwarzes Hefeweizen aus der Flasche. Gute Auswahl an weißen und roten Weinen, überwiegend Frankenweine, aber auch internationale Weine.

Plätze (innen/außen)

100/160

Unser Tipp

**Gänsebrust
(in den Winter-monaten)**

Öffnungszeiten

Anfang Apr. bis Ende Sep.
Di bis Fr ab 15 Uhr
Sa, So und Feiertage
ab 10 Uhr
Montag Ruhetag
Anfang Okt. bis Ende März
Mi bis Fr ab 17 Uhr
Sa, So und Feiertage
ab 10 Uhr
Mo und Di Ruhetag

Anschrift & Kontakt

Lichtenstein 13
96176 Pfarrweisach-
Lichtenstein
Tel.: 09535-188250

Gasthof zum goldenen Adler

Speisen

Brotzeiten und warme Gerichte aus eigener Hausschlachtung. Fränkische Gerichte (verschiedene Bräten, Schnitzel, usw.) Hausgebackene Kuchen auf Bestellung und im Sommer an den Wochenenden. Spezialitäten: Kümmelbauch, Schäuferle, grillte Haxen.

Getränke

Reckendorfer Schloßbrauerei: Export vom Fass, komplettes restliches Sortiment in Flaschen. Schnäpse von verschiedenen Bauern aus der Gegend.

Plätze (innen/außen)

200/0

Unser Tipp

Kümmelbauch

IN DER PERLE DES WEISACHGRUNDES

So nennt zumindest der Bürgermeister das kleine Örtchen, das einst eine der ersten christianisierten Ortschaften der Gegend darstellte und über 60 Filialkirchen hatte. Der Gasthof steht unter Denkmalschutz und kann auf mehr als ein halbes Jahrtausend Geschichte zurückblicken. Ein Fünftel davon schrieb die Familie Eisfelder, die in dem schönen Sandsteinbau für ihre Gäste da ist. Papa und Sohn sind beide Metzger, was gute Gerichte aus hauseigener Schlachtung garantiert.

Öffnungszeiten

Täglich ab 7 Uhr
Mittwoch 7 bis 12.30 Uhr
Anfang August für 2 1/2
Wochen geschlossen

Anschrift & Kontakt

Lohrer Straße 2
96176 Pfarrweisach
Tel.: 09535-269

Gasthof Zur Rose

WWW.ZUR-ROSE-PFARRWEISACH.DE

WO DIE NIXE WACHT

Leni und Adolf Miltenberger führen das bald 500 Jahre alte Gasthaus als reinen Familienbetrieb. Leni ist für feinste fränkische Hausmannskost weit über die Grenzen von Pfarrweisach hinaus bekannt und bereitet regelmäßig Gans und Wildgerichte für ihre Fans zu. Im Fachwerk ist eine Nixe eingearbeitet, die über das Geschehen wacht. Die beiden überlegen allerdings, sich in den nächsten Jahren zur Ruhe zu setzen, also nutzen Sie die Gelegenheit, so lange sie sich noch bietet!

Speisen

Fränkische, bodenständige Küche, saisonale Gerichte. Fränkische Brotzeiten. Spezialitäten: Wildgerichte, Sauerbraten, Gans, Schäuferla.

Getränke

Biere von der Brauerei Hummel/Merkendorf: Kellerbier vom Fass sowie verschiedene Flaschenbiere. Weiße und rote Frankenweine. Edelbrände aus der Gegend.

Plätze (innen/außen)

205/18

Unser Tipp

Gans

Öffnungszeiten

Täglich ab 17 Uhr
So 9 bis 14 Uhr und
ab 17 Uhr
Dienstag Ruhetag
Für Gruppen ab 15 Personen nach Anmeldung auch außerhalb dieser Zeiten geöffnet

Anschrift & Kontakt

Pfarrgasse 1
96176 Pfarrweisach
Tel.: 09535-444

Gasthof zur alten Glashütte

WWW.GASTHOF-GLASHUETTE.DE

Speisen

Fränkische Küche, täglich wechselnder Mittagstisch. Hausmacher Brotzeiten. Hausgebackene Kuchen und Torten. Spezialitäten: Karpfen (zur Saison), Schnitzel, Cordon Bleu, Sauerbraten, Rehbraten.

Getränke

Biere von der Brauerei Zenglein/Oberschleichach: Pils vom Fass und verschiedene Flaschenbiere. Größere Auswahl an weißen und roten Frankenweinen (vorwiegend aus der Gegend).

Plätze (innen/außen)

65/50

Unser Tipp

Rehbraten

EINE STAATLICHE WOHLTAT

Hier ist nicht in einer alten Glashütte ein Gasthaus entstanden, nein, hier hat der bayerische Staat 1842 für die Arbeiter der Glashütte (Fabrikschleichach hieß damals auch Glashütte) eigens ein Wirtshaus einrichten lassen. Nur ein Viertel Jahrhundert später jedoch ging es mit der Glashütte zu Ende, und das Gasthaus wurde an die Vorfahren von Manfred Gehring verkauft, der heute zusammen mit seiner Frau Ruth für die Bewirtung verantwortlich zeichnet. Die beiden sind nun nicht nur die Anlaufstelle für die rund 120 Einwohner des Ortes, hier kommen auch viele Gäste, die den idyllischen Blick auf den Dorfweiher und die gute Küche lieben gelernt haben.

Öffnungszeiten

Mo, Mi, Fr und Sa ganztägig geöffnet
So nur im Sommer und nur bei schönem Wetter ab 14 Uhr Terrassenbetrieb
Di und Do Ruhetag

Anschrift & Kontakt

Glashüttenstraße 8
96181 Rauhenebrach-Fabrikschleichach
Tel.: 09554-534

Biergarten Sand am Main

Gasthaus Goldener Stern

Speisen

Fränkisch-bodenständige Küche, sonntags wechselnde Menüs. Fränkische Brotzeiten. Freitags Schnitzeltag mit verschiedenen Schnitzelvariationen.

Getränke

Landbier und Pils vom Fass von der Pülsbräu/Weismain und weitere Flaschenbiere. Frankenweine (weiß und rot).

Plätze (innen/außen)

70/100

Unser Tipp

Freitags Schnitzeltag

SOSSE Á LA MIRACULIX

Von der Straße gesehen sieht der Unwissende nicht, was für ein schöner Biergarten sich auf der Rückseite des Gasthauses Goldener Stern befindet. Ein Traumblick auf die Rauhe Ebrach und den dahinterliegenden Wald, ein kleiner gepflegter Spielplatz und eine phantastische Küche erwarten den Gast. Besonderes Lob verdienen die Soßen, die hier noch nach Uraltrezepten selbst hergestellt werden und einen individuellen und kräftigen Eigengeschmack haben. Mit Zweitnamen heißt das Anwesen auch Gasthaus Staub, nach den (Schwieger-)Eltern der heutigen Besitzer Robert und Angelika Brühl, die einen weit bekannten guten Ruf aufgebaut haben. Zur Kerwa unbedingt probieren: Bocksbraten!

Öffnungszeiten

Täglich ab 10 Uhr
Di, Mi und Do Ruhetag

Anschrift & Kontakt

Marktstraße 28
96181 Rauhenebrach-
Prölsdorf
Tel.: 09554-387

Café-Restaurant Waldblick

WALDBLICK 2000

So präsentiert sich seit der Jahrtausendwende der damals über 50jährige Klassiker. Eine Komplettrenovierung inklusive neuer Toiletten und einer neuen Küche lässt das Café in neuem Glanz erstrahlen. Sogar einen Wintergarten hat man aus dem alten Balkon gemacht und davor eine traumhafte Sonnenterrasse angelegt. Kulinarisch ist ebenfalls seit dieser Zeit ein neues Team am Ruder. Wolfgang Kastner kocht und wurstet, seine Schwester Monika ist für die feinen Torten und Kuchen verantwortlich. Und wie der Name schon sagt: Man hat einen wunderschönen Blick über Wiesen und Täler und auf den umgebenden Wald.

Speisen

Fränkisch-regionale Küche mit leicht internationalem Touch. Speisekarte wechselt wöchentlich. Hausmacher Brotzeiten. Hausgebackene Kuchen und Torten.

Getränke

Biere von der Brauerei Düll/Krautheim (Pils, Hefeweizen und Kellerbier vom Fass, weitere Sorten aus der Flasche). Ausschließlich Frankenweine (weiß und rot). Kaffee, Espresso, Cappuccino, Milchkaffee.

Plätze (innen/außen)

90/60

Unser Tipp

Hausmacher Wurst

Öffnungszeiten

Mi bis So ab 11 Uhr
Mo und Di Ruhetag
Für Gesellschaften nach
Anmeldung auch außerhalb
dieser Zeiten geöffnet

Anschrift & Kontakt

Bergstraße 37
96181 Rauhenebrach
Tel.: 09554-229

Gasthaus Hofmann

WWW.SCHINDELSEE.DE

Speisen

Regionale, kreative Küche, saisonal ausgerichtet, sowohl Klassiker als auch neu aufgelegte Gerichte. Wöchentlich wechselnde Speisekarte. Hausmacher Brotzeiten. Selbst gebackene Kuchen und Torten.

Getränke

Große Weinauswahl mit 180 Positionen (von Frankenweinen bis zu internationalen Weinen). Verschiedene fränkische Biere. Ca. 50 verschiedene fränkische Obst- und Edelbrände.

Plätze (innen/außen)

80/50

Unser Tipp

Zwetschgenbames und Wildschweinschinken

VOM LECKEREN LANDSCHWEIN

Bettina Hofmann und ihr 20köpfiges Team schaffen perfekt den Spagat zwischen kreativer und hochwertiger Küche auf der einen und der konsequenten Nutzung der regionalen Rohstoffe und Zutaten auf der anderen Seite - und das seit über 20 Jahren! Eigene Landschweinzucht, Räucher- und Backofen garantieren Bestes aus dem eigenen Haus, dazu kommen die besten Tropfen fränkischer Winzer (alles selbst ausgesucht) und Brenner sowie die saisonalen Köstlichkeiten aus dem Steigerwald. Wir empfehlen, auf jeden Fall auch ein Dessert einzuplanen, die sind optisch und geschmacklich ein sensationelles Highlight!

Öffnungszeiten

Apr. bis Okt.
Täglich ab 17 Uhr
Sa, So und Feiertage
ab 11.30 Uhr
Dienstag Ruhetag
Nov. bis März
Do und Fr ab 17 Uhr
Sa, So und Feiertage
ab 11.30 Uhr
Mo bis Mi Ruhetag

Anschrift & Kontakt

Schindelsee 1
96181 Rauhenebrach
Tel.: 09549-98760

Brauerei-Gasthof Zum grünen Baum

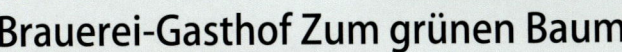

WWW.BAYER-THEINHEIM.DE

DIE LETZTE STATION ...

... Vor dem Beginn Weinfrankens ist eine ganz besondere. In einer der kleinsten Brauereien Frankens werkelt Michael Bayer überaus erfolgreich und braut einen sensationell süffigen Gerstensaft. Im kleinen Innenhof sitzt man im Angesicht des Braukessels und möchte eigentlich nie wieder aufstehen - solange der Nachschub rollt. Mit dem Bier werden auch die Spezialitäten des Hauses verfeinert - von der Bierhaxe bis zum Bierschnitzel. Die Wurst stammt aus eigener Herstellung, die Lammgerichte stammen quasi von der Weide nebenan. Ein absoluter Geheimtipp!

Speisen

Frische, fränkische, regionale Küche, saisonal angepasst. Lamm aus dem Steigerwald, in den Wintermonaten Karpfen und Forellen (teils aus eigenen Teichen), Biergerichte. Hausmacher Brotzeiten mit selbst gebackenem Brot. Selbst gebackene Kuchen. Spezialitäten: Frische Lammgerichte, Fisch (teilweise aus eigenen Gewässern).

Getränke

Eigenes Bier: Bayer-Bier vom Fass. Fränkische Weine (weiß und rot) aus der Region. Schnäpse, Edelbrände und Liköre aus eigener Brennerei.

Plätze (innen/außen)

80/60

Unser Tipp

Edelbrände und Liköre aus eigener Brennerei

Öffnungszeiten

Täglich ab 10 Uhr
Montag Ruhetag (wenn
Montag Feiertag, dann
Dienstag Ruhetag)

Anschrift & Kontakt

Schulterbachstraße 15
96181 Rauhenebrach-
Theinheim
Tel.: 09554-293

Bierkultur im Steigerwald

Gasthaus Hirschenbräu

Speisen

Fränkische Küche, gutbürgerlich mit Schwerpunkt auf Fischgerichten (Karpfen, Saiblinge, Forellen, usw. - Fische aus der Region).

Getränke

Biere von Göller/Zeil: Hefeweizen, Kellerbier und Pils vom Fass sowie verschiedene Flaschenbiere. Frankenweine aus der Gegend (weiß und rot). Fränkische Schnäpse und Edelbrände.

Plätze (innen/außen)

60/0

Unser Tipp

Fischgerichte

DER ALTE TANZPALAST

Früher war das Gasthaus quasi das Eheanbahnungsinstitut des Ortes, und so sieht man immer wieder Pärchen unterschiedlichsten Alters an den Tischen sitzen, die ihr jeweiliges Kennenlernjubiläum feiern. Die Tage des Tanzpalastes sind mittlerweile vorbei, allerdings hat sich der gute Ruf der Küche zu Recht erhalten. Heute stehen Ingrid Michel und ihr Mann Thorsten Weber für die Gäste bereit, unter denen auch noch einige Stammtische aus der Zeit sind, als das Gasthaus noch eine Brauerei war.

Öffnungszeiten

So und Feiertage 11 bis 14 Uhr und ab 17 Uhr
Mo, Do und Fr ab 17 Uhr
Di und Mi Ruhetag

Anschrift & Kontakt

Hauptstraße 15
96181 Rauhenebrach-Untersteinbach
Tel.: 09554-221

Gasthaus Am Schloß

Speisen

Hauptsächlich griechische Küche, aber auch Pizza, Nudelgerichte und Schnitzel. Spezialitäten: Gyros und Calamaris.

Getränke

Biere von der Frankenbräu/Mitwitz: Pils vom Fass sowie verschiedene Flaschenbiere. Griechische Weine (weiß und rot). Griechische Spirituosen wie Ouzo oder Metaxa.

Plätze (innen/außen)

80/60

Unser Tipp

Gyros

ZAZIKI HAUSGEMACHT

Efthimios Tsopanidis und sein Team haben den Rentweinsdorfern die griechische Küche nahegebracht. Seit bald 30 Jahren beglückt er die Einheimischen mit Gyros, Calamari & Co. Wer mag, kann aber auch Pizza und Schnitzel bestellen. Das Gasthaus an sich stammt von 1673 und verfügt über eine schöne Sonnenterrasse.

Öffnungszeiten

Mai bis Okt.
Täglich 11 bis 14 Uhr und ab 17 Uhr
Mo Ruhetag (an Feiertagen geöffnet)
Nov. bis April
Di bis Sa ab 17 Uhr
So und Feiertage 11 bis 14 Uhr und ab 17 Uhr
Mo Ruhetag (an Feiertagen geöffnet)

Anschrift & Kontakt

Planplatz 8
96184 Rentweinsdorf
Tel.: 09531-332

Gasthaus Scheuring

EIN BISSCHEN SCHICKI MICKI

So sieht Paula Scheuring ihre gelungenen Ausflüge in die gehobene Küche, wenn die Gäste eine solche Bewirtung vorbestellen. Da kann dann auch schon mal ein Papageienfisch auf dem Teller landen. Der Rest der Familie hilft immer gerne mit, wenn er kann - sie sind alle voll berufstätig. Ein Highlight für die Stammgäste sind die hausgemachten Bratwürste und auch die anderen Brotzeiten, was aber nicht die Qualität der warmen Küche schmälern soll.

Speisen

Hausgemachte mittelgrobe Bratwürste und Hausmacher Brotzeiten. Warme Gerichte auf Bestellung für Gruppen ab 10 Personen (von der Gänsebrust über Fischgerichte und mediterrane Gerichte bis zum 4-Gänge-Menü). Spezialitäten: Hausmacher Wurst, Bratwürste, roher Schinken.

Getränke

Biere von der Kulmbacher Brauerei: Pils vom Fass und verschiedene Flaschenbiere. Frankenweine (weiß, rot und rosé) sowie ein lieblicher spanischer Rotwein.

Plätze (innen/außen)

50/0

Unser Tipp

Mittelgrobe Hausmacher Bratwürste

Öffnungszeiten

Di, Do, Sa und So ab 18 Uhr (zur Winterzeit) und ab 19 Uhr (zur Sommerzeit) Mo, Mi und Fr Ruhetag

Anschrift & Kontakt

Hauptstraße 18
97519 Riedbach-Humprechtshausen
Tel.: 09526-269

Gasthaus Böhm

Speisen

Kleine warme Gerichte. Größere warme Gerichte (wie Bräten) nur auf Bestellung. Fränkische Küche und hausgemachte Pizza. Fränkische Brotzeiten. Spezialitäten: Hausgemachte Pizza.

Getränke

Biere von der Kulmbacher Brauerei: Pils vom Fass und verschiedene Flaschenbiere. Frankenweißwein, Rotwein. Birnenschnaps aus der Gegend.

Plätze (innen/außen)

40/10

Unser Tipp
Hausgemachte Pizza

DER ALTE KOLONIALWARENLADEN

Das alte - heute verputzte - Fachwerkhaus beherbergte früher auch einen Kolonialwaren- bzw. Tante-Emma-Laden, seit 20 Jahren konzentrieren sich Christine und Gerhard Böhm auf die Gastwirtschaft. Die beiden haben ein uriges Ambiente geschaffen, selbst im Hof hat man einen Hauch Toscana bei Bruchsteinen und Kerzenschein. Besonders beliebt bei den Gästen ist die Hauspizza, die es zwar nur in einer Sorte gibt, für die die Fans aber viele Kilometer fahren, um sie sich nach Hause zu holen.

Öffnungszeiten

Täglich ab 18 Uhr
Montag Ruhetag
Für Gruppen bis 15 Personen nach Anmeldung auch
außerhalb dieser Zeiten
geöffnet

Anschrift & Kontakt

Altdorf 5
97519 Kleinmünster
Tel.: 09526-1450

Gasthaus Bauer

Speisen

Warme Kleinigkeiten, z. B. Ripple mit Kraut. Fränkische Brotzeiten.

Getränke

Kulmbacher Edelherb vom Fass, verschiedene Flaschenbiere von der Kulmbacher Brauerei. Fränkische Weine.

Plätze (innen/außen)

40/0

Unser Tipp

Ripple mit Kraut

DER SCHÖNSTE NEBENJOB DER WELT

Das ist für Ruth und Heinz Bauer ihr Gasthaus, das sie im Jahr 2000 von Ruths Vater übernommen haben. So verwöhnen sie Montag, Mittwoch, Freitag und Samstag ihre große Fangemeinde aus den umliegenden Orten, die ihr klassisches Dorfwirtshaus ohne Tamtam lieben gelernt haben. Aus der Küche kommen eher Kleinigkeiten, aber eben gute Hausmannskost. 2013 wird übrigens das 105jährige Bestehen gefeiert, sicher ein Anlass für ein schönes Fest.

Öffnungszeiten

Mo, Mi, Fr und Sa ab 12 Uhr
Di, Do und So geschlossen

Anschrift & Kontakt

Altdorf 14
97519 Riedbach-
Kleinmünster
Tel.: 09526-981070
oder -211

Bäckerei-Café Schäfer

Speisen

Hausgebackene Torten und Kuchen. Spezialität: Sander Käsekuchen.

Getränke

Verschiedene Kaffeespezialitäten, verschiedene Teesorten. Flaschenbiere von der Brauerei Göller/Zeil.

Plätze (innen/außen)

60/20

Unser Tipp

Sander Käsekuchen

PRUNKSTÜCK AM PRUNKSTÜCK

Der kürzlich ganz neu gestaltete Kirchplatz von Sand verfügt mit dem Café der Schäfers über ein echtes Sahnestückchen. Bäckermeister Detlef Schäfer, bei dem seine Tochter Christin zur Lehre geht, leitet seit bald 20 Jahren das Traditionshaus, das seine Eltern aufgebaut haben. Besondere Spezialität ist der Sander Käsekuchen, eine sehr flache Variante mit dünnem Hefeteig, Rosinen und Bauernkäse aus der Umgebung.

Öffnungszeiten

Di bis Fr 10 bis 18 Uhr
So 10 bis 16 Uhr
Mo und Sa Ruhetag

Anschrift & Kontakt

Kirchplatz 12
97522 Sand am Main
Tel.: 09524-3340

Gasthaus „Zur Krone" Weingarten Familie Schmitt

Speisen

Fränkische Küche mit ca. 7-8 warmen Gerichten. Große Auswahl an Hausmacher Brotzeiten. Spezialitäten: Winzerplatte, Käseplatte, selbst gemachter Gerupfter.

Getränke

Große Auswahl an weißen und roten Eigenbau-Weinen. Empfehlung von Jürgen Schmitt: Alter fränkischer gemischter Satz (alles Handarbeit). Eigener weißer Secco. Biere von der Kulmbacher Brauerei: Pils vom Fass und verschiedene Flaschenbiere. Verschiedene hausgebrannte Brände und Liköre.

Plätze (innen/außen)

120/180

Unser Tipp

Einer der schönsten Weingärten

WEIN UND BRAND

Neben den feinen Weinen haben sich die Schmitts vor allem Bränden und Likören verschrieben, die es hier in unglaublicher Vielfalt vom Weinhefebrand bis zum roten Weintraubenlikör zu probieren gibt. Im Weinberg stehen unter anderem noch einige über 60 Jahre alte Rebstöcke von Riesling, Elbling, Müller-Thurgau und Silvaner, die zusammen „Alter fränkischer gemischter Satz" ergeben und zu den absoluten Geheimtipps der Ecke gehören. Die Elbling-Traube geht auf die Römer zurück und gilt als älteste Weinsorte Europas. Mittlerweile ist sie (außerhalb der schon römischen Anbaugebiete an der Mosel, die es noch auf über 500 Hektar bringen) bis auf wenige Rebstöcke fast ausgestorben.

Öffnungszeiten

Täglich ab 15 Uhr
So und Feiertage ab 14 Uhr
Montag Ruhetag

Anschrift & Kontakt

Zeiler Straße 24
97522 Sand am Main
Tel.: 09524-1282

Gaststätte „zum Storchen"

Speisen

Griechische Küche, aber auch deutsche Gerichte. Spezialitäten: Gyros, Souvlaki, Pizza, Schnitzel.

Getränke

Verschiedene Flaschenbiere von der Brauerei Zenglein/Oberschleichach. Griechische Weine und Frankenweine (weiß und rot).

Plätze (innen/außen)

50/25

Unser Tipp
Souvlaki

UND DER STORCH BRACHTE EINEN GRIECHEN

So war es vor vielen Jahren, denn auch der Vorgänger von Pascal und Smaragda Gadedsio hatte hier ein griechisches Restaurant aufgebaut, das die beiden nun mit viel Enthusiasmus weiterführen. Sie sind schon über 30 Jahre in Deutschland und bekochten vorher die Maßbacher im Landkreis Bad Kissingen. Gemeinsam mit ihren Kindern bieten sie die klassische Palette, angereichert um Pizza und Schnitzel.

Öffnungszeiten

Täglich ab 17 Uhr
So 11 bis 14 Uhr und
ab 17 Uhr
Mittwoch Ruhetag

Anschrift & Kontakt

Zeiler Straße 5
97522 Sand am Main
Tel.: 09524-6514

Weingut-Weingarten Familie Gottschalk

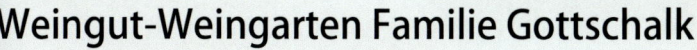

WIE IN DER FRÄNKISCHEN TOSKANA

So fühlt man sich auf dem Weingut am Ortsende von Sand am Main. Italienisches Dach, Terrakottaputz, Nussholzmöbel, uralte Bäume, abends Kerzenschein … da kommt richtig Urlaubsstimmung auf. Passend gibt es dann den Regent mit Barrique-Note und Selbstgemachtes aus Hausschlachtung und Backofen. Den Rebensaft serviert Familie Gottschalk übrigens auch als Traubensaft, der auch ganz ohne Drehzahl einen echten Genuss darstellt. Bier hingegen gibt es nur im Sommer und dann auch nur im Garten.

Speisen

Warme Kleinigkeiten wie überbackenes Baguette, Pizza, Flammkuchen. Brotzeiten aus Hausschlachtung. Selbst gebackene Kuchen. Spezialitäten: Marinierte Heringe (Fr), Flammkuchen, Hausmacher Brotzeiten.

Getränke

Eigenbauweine (weiß, rot und Rotling). Biere gibt es nur im Sommer und nur draussen (Brauerei Göller/Zeil am Main).

Plätze (innen/außen)

105/100

Unser Tipp

Hausmacher Brotzeiten

Öffnungszeiten

Fr ab 17 Uhr
Sa ab 15 Uhr
So und Feiertage ab 14 Uhr
Mo bis Do geschlossen
Für Gruppen, Familienfeiern und andere Feste auf Anfrage jederzeit geöffnet

Anschrift & Kontakt

Steigerwaldstraße 41
97522 Sand am Main
Tel.: 09524-3336

Altmain-Weinfest Sand am Main

Die Sander haben sich gedacht: „Gehen wir das Thema Weinfest doch gleich professionell an..." und extra dafür einen Festplatz geschaffen, auf dem es jetzt immer hoch her geht. Von Freitag bis Montag ist vor allem Partystimmung angesagt, mit Bands für alle Altersklassen, Lasershow und natürlich jeder Menge feinen Weines.

So sind alle immer ganz traurig, wenn dieses Weinfest der Extraklasse mit dem traditionellen Brillantfeuerwerk ausklingt und man wieder ein Jahr warten muss (oder nur bis zur Kirchweih am ersten Septemberwochenende), um dieses besondere Flair zu erleben. Die Gäste kommen hierfür bis aus München angereist, als quasi Oktoberfesttourismus – nur andersrum. Besonders empfehlen wir den Steckerlfisch direkt aus dem Main – auf den Spieß – über den Grill – auf den Teller!

Termin: Zweites Wochenende im Juli

Altmain in Sand

Weinbau und Heckenwirtschaft **Hofmann**

Speisen

Auswahl an warmen Gerichten. Hausmacher Brotzeiten. Sander Käsekuchen und Apfelstreuselkuchen. Spezialitäten: Hausplatte, verschiedene Toasts.

Getränke

Eigenbau-Weine (weiß, rot und Rotling).

Plätze (innen/außen)

40/0

Unser Tipp

Hausmacher Wurst und Schinken

UM DIE HOLZFASSTHEKE

Hier sitzen schon seit über 20 Jahren die Weinfreunde aus Sand und Umgebung und genießen die Freuden der fränkischen Weinkultur. Kein großes Kino, aber authentisch und mit dem typischen Charme einer klassischen Hecke. Besonders viele Menschen kommen vor allem zur Zeit des Altmain-Weinfestes nach Sand, Schätzungen gehen von über 50.000 aus. Und die kommen dann natürlich unter dem Jahr auch wieder - und finden oft in die kleine Schänke am Sander Ortsrand.

Öffnungszeiten

Anfang März bis Mitte Apr. und Mitte Okt. bis Ende Nov. Fr, Sa und So ab 14 Uhr Mo bis Do geschlossen

Anschrift & Kontakt

Weidenstraße 4
97522 Sand am Main
Tel.: 09524-5687

Häckerwirtschaft Andreas Kümmel

WO DER ZIPFEL WOHNT

Die Häckerwirtschaft von Andreas Kümmel wartet unter anderem mit sehr feinen hausgemachten blauen Zipfeln auf. Für diesen Franken-Klassiker lässt man rohe Bratwürste in einem Sud aus Zwiebeln, Essig, Weißwein und Gewürzen (Lorbeerblätter, Pfefferkörner, Nelken und Wacholderbeeren) garen. Dabei laufen die Bratwürste leicht bläulich an, was ihren Namen erklärt. Eine Köstlichkeit, die Sie sich gerade hier nicht entgehen lassen sollten!

Speisen

Fränkische, bodenständige Küche. Große Auswahl an warmen und kalten Gerichten. Hausmacher Brotzeiten. Immer zwei hausgebackene Kuchen im Angebot. Spezialitäten: Marinierte Salzheringe (Fr), Hausmacher Wurst, hausgemachte blaue Zipfel.

Getränke

Weiße und rote Eigenbau-Weine. Hausgebrannte Liköre und Schnäpse. Verschiedene Flaschenbiere der Brauerei Göller/Zeil am Main.

Plätze (innen/außen)

60/70

Unser Tipp

Blaue Zipfel

Öffnungszeiten

6. Jan. bis Mitte Juni und Ende Aug. bis 3. Advent
Di bis Fr ab 15 Uhr
Sa, So und Feiertage ab 14 Uhr
Montag Ruhetag

Anschrift & Kontakt

Johannissteig 8
97522 Sand am Main
Tel.: 09524-5613

Weingut & Heckenstube A. & E. Rippstein

Speisen

Kleine Karte mit 3 warmen Gerichten. Größere Auswahl an Brotzeiten und kalten Gerichten. Selbst gebackenes Brot, Sander Käsekuchen. Spezialitäten: Schinken vom Galloway-Rind mariniert in Portwein/Trüffelöl, hausgemachter fränkischer Flammkuchen, Carpaccio vom Weißgelegten in Balsamico/Kürbiskernöl, Wildschweinbratwürste mit Kürbisdämpfkraut (saisonal).

Getränke

Eigenbau-Weine (weiß, rot, Süßwein), Sekt. Hausgebrannter Grappa, Waldbeerengrappa und Weinhefebrand.

Plätze (innen/außen)

60/60

Unser Tipp

Sander Käsekuchen

REKORDVERDÄCHTIG

Mit einer Goldprämierungsquote von 80% liegt das Weingut Rippstein in der Spitzengruppe der fränkischen Weingüter, doch ist man trotzdem am Boden geblieben. Zum Beispiel werden Wurst und Kuchen noch selbst hergestellt, darunter der weithin bekannte Sander Käsekuchen. Ganz hautnah erlebt man die Rippsteins jedes Jahr am zweiten Augustwochenende, wenn das dreitägige Sommerfest ansteht. Besonders schön ist es hier von Mitte September bis Ende Oktober zur Federweißenzeit.

Öffnungszeiten

Mitte Sep. bis Mitte Dez. und Anfang Jan. bis Ende Apr. Di bis So ab 15 Uhr Montag Ruhetag

Anschrift & Kontakt

Sandgasse 26
97522 Sand am Main
Tel.: 09524-1341

Schneider`s Heckenwirtschaft

JUNG UND ALT AN EINEM TISCH

Die Heckenwirtschaft der Schneiders ist gefühlt nur eine einzige lange Eckbank. Das bedeutet, es gibt kein Ende, keinen Anfang und kein Gegenüber, sondern nur ein Nebeneinander. So sitzen auch die unterschiedlichsten Menschen zusammen und finden bei den guten hausgemachten Gerichten und eigenen Weinen immer wieder Anknüpfungspunkte für ein Gespräch über Gott und die Welt. Der gelernte Metzger Udo Schneider und seine Frau Birkis setzen sich - wenn Zeit ist - auch immer gerne dazu, so dass aus Wirtsleuten und Gästen eine große Familie wird.

Speisen

Keine warmen Gerichte. Große Auswahl an hausgemachten Brotzeiten (Wurst und Käse). Hausgebackener Käsekuchen. Spezialitäten: Weißer Käs, Kochkäse, Hausmacher Winzerplatte, marinierte Heringe (Fr).

Getränke

Eigenbau Weine (weiß, rot und Rotling).

Plätze (innen/außen)

40/0

Unser Tipp

Kochkäse

Öffnungszeiten

Ab Mitte Okt. und im Frühjahr vor bzw. nach Fasching, Jeweils für 5 bis 7 Wochen
Fr ab 17 Uhr
Sa und So ab 15 Uhr
Mo bis Do geschlossen

Anschrift & Kontakt

Mozartstraße 15
97522 Sand am Main
Tel.: 09524-6280

Heckenwirtschaft Rosemarie Ullrich

Speisen

Einige warme Kleinigkeiten. Hausmacher Brotzeiten. Selbst gebackener Käsekuchen. Spezialitäten: Baguette mit Käse überbacken, Bratwürste, heisse Fleischwurst.

Getränke

Eigenbau-Weine (weiß, rot und Rotling). Pils von der Brauerei Göller/Zeil am Main.

Plätze (innen/außen)

40/40

Unser Tipp

Selbst gebackener Käsekuchen

IMMER FRÖHLICHKEIT

So lautet für uns die Quintessenz des Spruches „Ein Gläschen Wein zur rechten Zeit vermittelt immer Fröhlichkeit", der an der Bruchsteinwand der Heckenwirtschaft zu lesen steht. Und die entsteht spätestens nach einem Gläschen hauseigenen Weines, zum Beispiel des Dornfelders. Diese frühreife rote Rebe war eigentlich einmal als reiner Deckwein gedacht, um anderem Rotwein zu mehr Farbe zu verhelfen. Mittlerweile hat der harmonische Wein schon einige Prämierungen erhalten und ist - sozusagen - auf dem aufsteigenden Ast.

Öffnungszeiten

Ab Anfang Aug. für
10 bis 12 Wochen
Fr und Sa ab 15 Uhr
So und Feiertage ab 14 Uhr
Mo bis Do geschlossen
Für Gruppen bis 50 Personen nach Anmeldung
jederzeit geöffnet

Anschrift & Kontakt

Sandgasse 10
97522 Sand am Main
Tel.: 09524-1015

Hotel-Weingut-Goger

Speisen

Sehr große Karte mit warmen Gerichten. Gutbürgerliche, fränkische Küche. Saisonale Gerichte. Kleine Auswahl an kalten Gerichten (teilweise selbst geschlachtet). Hausgebackene Kuchen. Spezialitäten: Leberknödelsuppe, Rindfleisch mit Meerrettich.

Getränke

Große Auswahl an Eigenbau-Weinen (weiß und rot). Roter und weißer Frankensekt. Veldensteiner Biere (Pils und Hefeweizen vom Fass, verschiedene Flaschenbiere). Schäpse, Brände und Liköre aus eigener Brennerei.

Plätze (innen/außen)

265/100

Unser Tipp
Rindfleisch mit Meerrettich

AUF DER GOGERS WIES`N

So nennt man im Volksmund den Wein- und Biergarten von Stefan und Andrea Goger. Er Koch und Winzer, sie Mädchen für alles, stellen sie das perfekte Paar für eine erfolgreiche Weinwirtschaft. So kommen die Gäste immer gerne wieder und sitzen besonders gerne in der „Bocksbeutelbar", wo zwischen unzähligen gleichnamigen Flaschen und Wagenrädern auch die Weinproben stattfinden. Das Areal draußen nennt sich Gogers Wies'n, ein wunderschöner (Wein- und) Biergarten.

Öffnungszeiten

Täglich ab 11 Uhr
Donnerstag Ruhetag

Anschrift & Kontakt

Hauptstraße 28
97522 Sand am Main
Tel.: 09524-227 o. -9022

Gasthaus zum Schiff -
Biergarten am Altmain „Storchenkeller"

Speisen

Kleine warme Gerichte. Hausmacher Brotzeiten und selbst gemachte Käsespezialitäten. So ab 14 Uhr hausgebackene Kuchen und Torten. Spezialitäten: Hausmacher Bratwürste, Bratwurstteig, selbst gemachter Kochkäse, selbst gemachter Gerupfter, Käseplatte, Kellerplatte.

Getränke

Biere von Tucher/Fürth: Pils vom Fass und verschiedene Flaschenbiere. Frankenweine aus dem Ort (bis zum Kabinett; weiß, rot und Rotling).

Plätze (innen/außen)

Gasthaus: 60/0
Biergarten: 40/200

Unser Tipp

Hausmacher Bratwürste

EINZELKÄMPFER
MIT TRUMPF

Der Altmain ist ein noch relativ naturbelassenes Stückchen vom großen Main. Auf dem Storchenkeller kann man ihn genießen wie nirgendwo sonst. Besonders empfehlenswert sind hier die leckeren frischen Hausmacher Brotzeiten aus eigener Schlachtung und der selbst gemachte Kochkäse! Dazu darf hier neben Tucher-Bier vielleicht ausnahmsweise auch einmal ein leckerer Sander Wein getrunken werden. Auf jeden Fall ein absoluter Geheimtipp im sonst durch Heckenwirtschaften geprägten Sand am Main, denn auch im Gasthaus ist eher der Gerstensaft das Thema, eine willkommene Abwechslung, wie wir finden.

Öffnungszeiten

Gasthaus: Anfang Okt. bis Apr.: Täglich ab 17 Uhr
Biergarten: Apr. bis Ende Sep.: Täglich ab 14 Uhr

Anschrift & Kontakt

Gasthaus: Sandgasse 2
Tel.: 09524-6101
Biergarten: Fischerweg
97522 Sand am Main
Tel.: 09524-6824

Brauereigaststätte Schwarzer Adler

Speisen

Fränkische Küche, sonntags Mittagstisch. Spezialitäten: Hausgemachte Brotzeiten, Pfannenschnitzel, Bierhaxen (nur auf Bestellung).

Getränke

Eigene Brauerei (Adler-Bräu): Adler Pils, Adler Hell, Adler Altfränkisches Lagerbier, Adler Weizenbier, Stöpfl der Zwickel, Stöpfl der Classic, Adler Heller Bock (saisonal Okt. bis Dez.).

Plätze (innen/außen)

80/80

Unser Tipp

Pfannenschnitzel

IN DER ALTEN BRAUEREI

Bis vor kurzem wehte hier noch der Sudkesseldampf um die Nasen der Besucher, heute sitzen unter der rustikalen Balkendecke die Gäste der Brauereigaststätte. Über den Hausmetzger gibt es Spezialitäten aus eigener Schlachtung, die im Sommer besonders im kleinen Brauereihof bestens schmecken. Auf den Außenplätzen hat man zudem den Kirchturm immer schön im Blick, der dafür verantwortlich ist, dass einmal im Jahr zur Kirchweih richtig was los ist. Dann werden hier im Bräustübla mit Bocksbraten, Ente und Gans echte Schmankerln serviert.

Öffnungszeiten

Täglich ab 10 Uhr
Dienstag Ruhetag

Anschrift & Kontakt

Hauptstraße 19
96188 Stettfeld
Tel.: 09522-369

Gasthof Strätz GmbH

WWW.GASTHOF-STRAETZ.DE

DREI DAMEN BLIEBEN DA

Es war eine illustre Entscheidung des ehemaligen Inhabers des Gasthauses Strätz, als er mit seiner Frau 2005 in die ferne Alpenrepublik Österreich zog und seine drei Angestellten alleine ließ. Die nahmen sich kurzer Hand ein Herz und führen nun das Haus in Eigenregie. Die GmbH von Dagmar Weschenfelder, Margit Kröner und Anja Hey funktioniert großartig. Sie verwöhnen die Gäste, auch mit kreativen Ideen und einer großen Karte - die „gilded selbstverständlich auch im Biergarten!"

Speisen

Große Auswahl an warmen Gerichten. Fränkische Brotzeiten. Forellen (von Okt. bis Apr.), Karpfen (ab Okt. an bestimmten Wochenenden: 1. WE im Okt., zur Kirchweih Anfang Nov.). Spezialitäten: Schäuferla mit Kloß und hausgemachtem Wirsing (So), Steaktasche von der Pute (im Sommer), Bauernschnitzel (im Winter), Frankenwaldschnitzel (im Winter), fränkische Bauernbrotzeit, Bocksbraten zur Kirchweih (Anfang Nov.).

Getränke

Biere von der Brauerei Hummel/ Merkendorf: Weizen, Räucherla, Kellerbier und Pils (alles vom Fass). Erdinger: Alkoholfreies Weizen. Fränkische Weißweine, Rotweine (z. B. aus Rheinhessen). Selbst angesetzter Starkbierlikör.

Plätze (innen/außen)

120/160

Unser Tipp
Fränkische Bauernbrotzeit

Öffnungszeiten

Di bis Sa ab 17 Uhr
So und Feiertage ab 11 Uhr
Montag Ruhetag

Anschrift & Kontakt

Hauptstraße 49
96188 Stettfeld
Tel.: 09522-6084

Café Schneider mit Pilsbar

Speisen

Hausgebackene Torten, Obstkuchen, Streuselkuchen. Im Sommer ca. 6 Sorten Eis aus eigener Herstellung. Warme Kleinigkeiten.

Getränke

Milchkaffee, Latte Macchiato, Cappuccino, Espresso. Biere von der Brauerei Maisel/Bayreuth (Pils und Hefeweizen vom Fass und weitere Flaschenbiere, z. B. Aktien Landbier fränkisch dunkel, Aktien Zwickel, ...).

Plätze (innen/außen)

30/30

Unser Tipp
Streuselkuchen

WO DIE ZEIT SCHEINBAR STEHEN GEBLIEBEN IST

Auch mit 75 Jahren steht Gerlinde Schneider noch hinter der Theke ihres Cafés, das im 19. Jahrhundert von ihren Vorfahren gegründet wurde. Noch heute sind Flair und Atmosphäre der Tage erhalten geblieben, als hier noch die Zugreisenden vom nahen Bahnhof vorbeikamen und ihre Einkäufe erledigten, denn zur Bäckerei gehörte bis vor kurzem auch ein Tante-Emma-Laden. Das Geschäft besteht aus zwei Räumen, deren größerer heute das Café ist, während Gerlinde im kleineren eine Pilsbar eingerichtet hat. Unterstützung bekommt die ältere Dame von ihrer Familie. Ihr Sohn sorgt als gelernter Bäcker für die Torten, während die Tochter am Wochenende die Bedienung gibt. Probieren sollten Sie unbedingt mal das Eis, das die Schneiders selbst herstellen.

Öffnungszeiten

Mo, Di, Do und Fr ab 14 Uhr
Sa ab 11 Uhr
So und Feiertage ab 9 Uhr
Mittwoch Ruhetag

Anschrift & Kontakt

Rathausstraße 11
97531 Obertheres
Tel.: 09521-8255

Vinothek Vino e Camino

WWW.VINOECAMINO.DE

ENOTECA CON MESCITA

Dieses wunderschöne und äußerst wohlschmeckende Kleinod ist noch ein echter Geheimtipp - sicher nicht mehr lange. Denn hier geben sich Francesca Gräfin von Beust-Luti und ihr Team unendlich viel Mühe, das beste aus Italien nach Deutschland zu bringen - und das noch in absolut authentischem Stil. Dazu gehören ein offener Kamin, edle Holzregale, prall gefüllt mit von Francesca selbst ausgesuchten Weinen und hervorragenden Spezialitäten, sowie feine Gerichte, meist mit dem von der Familie in Italien hergestellten Olivenöl zubereitet. Natürlich kann Francesca Sie auch in Sachen Wein beraten und richtet gerne auch private Feiern mit Weinprobe und Feinschmeckerverkostung aus. Kleiner Tipp: Besuchen Sie das Schloss im Oktober, wenn die Festa del Gusto ansteht.

Speisen

Keine warmen Gerichte. Italienische Spezialitäten: Kalte Platten - Käse, Schinken, Oliven, Tomaten, Salami - sehr hochwertige Produkte. Spezialität: Käseteller mit passenden Marmeladen und Senf.

Getränke

Italienische Weine (weiß, rot und rosé) aus verschiedenen Regionen. Verschiedene Grappe.

Plätze (innen/außen)

36/24

Unser Tipp
Festa del Gusto

Öffnungszeiten

Do 15 bis 19.30 Uhr
Fr 15 bis 22 Uhr
Sa bis Mi geschlossen
Für Gruppen ab 20 Personen nach Vereinbarung auch außerhalb dieser Zeiten geöffnet

Anschrift & Kontakt

Im Schloss Obertheres
Klosterstraße 1
97531 Theres
Tel.: 09521-954396

Gasthof Lammbräu

Speisen

Griechische Küche, aber auch deutsche Gerichte und viele verschiedene hausgemachte Pizzen. Im Sommer an den Wochenenden Kuchen. Spezialitäten: Verschiedene Pizzen (Mi Pizzatag), Gyros, Souvlaki, Calamares.

Getränke

Biere von der Brauerei Roth/ Schweinfurt: Lammbräu Pils vom Fass. Verschiedene Flaschenbiere. Große Auswahl an griechischen, deutschen und Frankenweinen (rot, weiß, Rotling). Große Auswahl an Spirituosen.

Plätze (innen/außen)

85/25

Unser Tipp

Calamares

JEDE MENGE LAMM

Als hätten es die Vorfahren einst gewusst, passt der Name des Hauses auch zu Hiraklis Tsevrenidis, der seit 2002 100% griechische Küche mit jeder Menge Lammgerichten in Untertheres anbietet. Allerdings hat er mittlerweile auch ein paar deutsche Gerichte und Pizza auf der Speisekarte. So richtig lustig wird es bei den Spielen der griechischen Fußballnationalmannschaft, seit Otto Rehakles sind hier immer alle regelmäßig aus dem Häuschen.

Öffnungszeiten

Täglich ab 11 Uhr
Do ab 16 Uhr
Montag Ruhetag

Anschrift & Kontakt

Bahnstraße 3
97531 Untertheres
Tel.: 09521-618240

Landgasthof Krone

DURCH ZUFALL ÜBERNOMMEN

Ernst Munke stolperte quasi über eine Verkaufsanzeige, bevor er sich 1999 spontan entschloss, den Landgasthof zu übernehmen. Eine gute Entscheidung, wie die vielen Stammgäste finden. Die haben nicht nur den Wirt, sondern auch seine Partnerin Monika Englert und die Kinder ins Herz geschlossen und kommen regelmäßig vorbei. Häufig treffen Sie hier auch Radler an, die auf dem Maintal-Radwanderweg unterwegs sind.

Speisen

Fränkische Küche. Fränkische Brotzeiten. Spezialitäten: Haxe, Ente, Fischgerichte.

Getränke

Biere von der Brauerei Oechsner/ Ochsenfurt: Pils und Hefeweizen vom Fass sowie verschiedene Flaschenbiere. Frankenweine (weiß und rot).

Plätze (innen/außen)

95/70

Unser Tipp

Haxen

Öffnungszeiten

Do und Fr ab 17 Uhr
Sa, So und Feiertage 11 bis
14 Uhr und ab 17 Uhr
Mo bis Do geschlossen
Für Gruppen nach Anmeldung auch außerhalb dieser
Zeiten geöffnet

Anschrift & Kontakt

Brunnenstraße 1
97531 Untertheres
Tel.: 09521-954640
oder 0175-1604570

Altes Brauhaus Hemmendorf

WWW.ALTESBRAUHAUSHEMMENDORF.DE

Speisen

Fränkisch-bodenständige Küche und saisonal bedingte internationale Gerichte. Fränkische Brotzeiten. Sonntags selbst gebackene Kuchen. Spezialitäten: Hemmendorfer Brauhaussteak, Bauernschnitzel, Hähnchenbrust auf frischem Pilzragout, Angussteaks.

Getränke

Biere von Püls/Weismain: Pils und Weizen vom Fass, Kellertrunk und Alkoholfreies aus der Flasche. Erdinger: Alkoholfreies Weizen. Weine (weiß und rot, sowie Rotling) vom Weingut Herbert Schuller/Obereisenheim.

Plätze (innen/außen)

93/50

Unser Tipp

Roastbeef vom deutschen Angusrind

IN DER BIERWOHNUNG

Der Traum für Franken: Mitten im und um das ehemalige Brauhaus können im Alten Brauhaus Hemmendorf die Gäste ihr Bier genießen. Sogar der alte Brunnen im Gastraum steht noch. Mit viel Liebe zum Detail haben Johannes und Birgit Scharf dem historischen Dorf noch eine Perle hinzugefügt - einen Tempel für Liebhaber von Steak, Roastbeef, Schnitzel & Co. Zudem legt man großen Wert auf Familienfreundlichkeit. Sonntags gibt es übrigens auch selbst gebackene Kuchen.

Öffnungszeiten

Mi bis Sa ab 17 Uhr
So und Feiertage ab 10 Uhr
Mo und Di Ruhetag

Anschrift & Kontakt

Hemmendorf 19
96190 Untermerzbach
Tel.: 09533-479 o. -1797

Bei Rainer

WWW.BISTRO-BEI-RAINER.COM

WO MAN AUCH NACH SCOVILLE ESSEN KANN

Rainers Bistro ist eher der Ableger vom Pizzalieferservice, aber auf jeden Fall eine gute Adresse für die Liebhaber dieser sehr leckeren italienischen Hausmannskost. Zudem können Sie bei allen Gerichten, auch bei Currywurst, Lasagne und Ravioli, entscheiden, wie scharf das Essen sein soll. Entscheidend ist dabei die Scoville-Skala, die den Schärfegrad der Speisen wiedergibt. Rainer bietet vier Stufen: A - Hot - 100.000 Scoville, B - X-Treme - 500.000 Scoville, C - X-Treme Hot - 1.000.000 Scoville, D - Barbarous - 1.500.000 Scoville. Die handelsübliche Peperoni liegt übrigens maximal bei 500 Scoville, Pfefferspray hingegen bei ca. 2.000.000. Seien Sie also vorsichtig, sonst haben Sie von dem hervorragenden Geschmack von Rainers Pizza nicht mehr wirklich viel ...

Speisen

Verschiedene Schnitzelvarianten, hausgemachte Pizza (ca. 25 bis 30 verschiedene Sorten), Currywurst, Nudeln. Spezialitäten: Pizza Bavaria, Rindscurrywurst.

Getränke

Verschiedene Flaschenbiere der Brauerei Wagner/Kemmern. Weiß- und Rotwein. Verschiedene Spirituosen.

Plätze (innen/außen)

30/0

Unser Tipp

Pizza Bavaria (mit Limburger)

Öffnungszeiten

Do bis So ab 17 Uhr
Mo bis Mi Ruhetag

Anschrift & Kontakt

Marktplatz 4
96190 Untermerzbach
Tel.: 09533-982329

Gastwirtschaft Gereuth

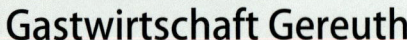

Speisen

Bodenständige Küche. Fränkische Brotzeiten. Hausgebackene Kuchen. Spezialität: Hausgemachter Gerupfter.

Getränke

Pils oder Kellerbier vom Fass von der Brauerei Göller/Zeil am Main. Pils vom Fass von der Brauerei Hönig/Tiefenellern. Verschiedene Flaschenbiere von beiden Brauereien. Frankenweine (weiß und rot). Bauernbrände aus dem Gemeindegebiet.

Plätze (innen/außen)

50/50

Unser Tipp

Hausgemachter Gerupfter

GEGENÜBER VOM SCHLOSS

Was in Bamberg ein Schimpfwort ist, ist in den Hassbergen ein historisches Örtchen mit Schloss und Gastwirtschaft, in der vor vielen Jahrzehnten sogar eine Brauerei beheimatet war. In den letzten Jahren nahmen sich neue Besitzer der wichtigsten Gebäude des Ortes an und sorgten für eine ordentliche Renovierung. Karin und Udo Küchler kauften 2006 den Gasthof und kochten sich schnell in die Herzen einer großen Schar von Stammgästen, die zwar auch aus dem Ort, aber eben auch von weiter her bis Coburg und Bamberg kommen. Die freuen sich vor allem darüber, dass die Küchlers eher zufällig die Gastronomie in ihr geplantes Wohnhaus integrierten, mit Recht, denn das ist wirklich ein Gewinn!

Öffnungszeiten

Jeden 2. und 3. So im Monat ab 14 Uhr
Auf Anmeldung für Gruppen auch außerhalb dieser Zeiten geöffnet.

Anschrift & Kontakt

Gereuth 25
96190 Untermerzbach
Tel.: 09533-980719

Gastwirtschaft zur Hunneneiche

SIEBEN METER UMFANG

Nein, damit ist nicht Herbert Heubisch gemeint, sondern die alte Eiche vor seiner Gastwirtschaft, die als „Hunneneiche" ein offizielles Naturdenkmal ist. Der Baum ist gut 500 Jahre alt und schon von weitem der beste Wegweiser, den man sich als Wirt vorstellen kann. Gemeinsam mit seiner Frau führt Herbert den Betrieb, von dem man einen wunderschönen Blick auf den Itzgrund hat. Ehefrau Saisamon stammt übrigens aus Thailand, weswegen es auf Vorbestellung auch Thai-Gerichte gibt.

Speisen

Warme Kleinigkeiten. Größere warme Gerichte nur am Wochenende und auf Bestellung.

Getränke

Biere von der Kulmbacher Brauerei: EKU Pils und EKU hell vom Fass sowie verschiedene Flaschenbiere. Weiße und rote Frankenweine. Birnenschnaps aus der Gegend.

Plätze (innen/außen)

40/30

Unser Tipp

Hunneneiche ansehen

Öffnungszeiten

Mo bis Fr ab 17 Uhr
Sa, So und Feiertage
ab 10 Uhr

Anschrift & Kontakt

Schloßweg 11
96190 Untermerzbach
Tel.: 09533-294

Landgasthaus Schramm

Speisen

Fränkische Küche. Saisonale Gerichte. Sonntags Mittagstisch mit verschiedenen Bräten. 1 x monatlich in den Monaten mit „r" Karpfen und Forellen (So). Hausmacher Brotzeiten. Spezialität: Wild aus eigenen Revieren (kein Gatterwild!).

Getränke

Biere von der Brauerei Göller/Zeil am Main: Pils und Dunkles vom Fass sowie verschiedene Flaschenbiere. Frankenweine (weiß, rot und rosé). Birnenschnaps aus Ditterswind.

Plätze (innen/außen)

145/60

Unser Tipp

Sonntags Mittagstisch

IM ALTEN ZOOGESCHÄFT

Bis 2006 beherbergte das Haus noch Alfred Schramms Zoohandlung, aber auch heute gibt es neben der Gastwirtschaft mit Postagentur und Lottoannahmestelle noch weitere Geschäfte im Haus. Alfred steht selbst hinter dem Herd und bereitet die große Palette fränkischer Gerichte zu. Dazu gehören neben Bräten auch Karpfen, Forelle und Wild aus heimischer Jagd. Im Sommer versammeln sich die Gäste unter Rotbuche und Kiefer im schönen Rasenbiergarten vor dem Haus. Wer will, kann sich die sieben verschiedenen Hausmacher Würste übrigens auch mit nach Hause nehmen.

Öffnungszeiten

Fr und Sa ab 18 Uhr
So ab 9.30 Uhr
Mo bis Do geschlossen
Für Gruppen nach Anmeldung auch außerhalb dieser Zeiten geöffnet

Anschrift & Kontakt

Neubaustraße 13
96190 Untermerzbach
Tel.: 09533-466

Schloß Gereuth

Speisen

Restaurant: Gut bürgerliche Küche mit dem Hang zu etwas besonderem (keine Fertigprodukte, keine Geschmacksverstärker). Sonntags Mittagstisch mit verschiedenen Bräten. Selbst gebackene Kuchen. Spezialitäten: Lämmer aus eigener Zucht, Gansessen auf Bestellung. Biergarten: Fränkische Brotzeiten, kleine warme Gerichte, sonntags mittags 1-2 Bräten. Selbst gebackene Kuchen, immer frische Brezen. Spezialitäten: Geräucherte Forellen, Wildschwein- und Hirschschinken.

Getränke

Schloßbrauerei/Reckendorf: Kellerbier vom Fass. Brauerei Schleicher/Kaltenbrunn: Pils und Landbier vom Fass. Gutmann Weißbier. Fränkische Weine (rot, weiß und Rotling). Selbst gebrannter Schnaps.

Plätze (innen/außen)

168/250

Unser Tipp

Wildschwein- und Hirschschinken

Öffnungszeiten

Restaurant: (Mitte Sept. bis 30. April)
Mo, Do, Fr und Sa ab 18 Uhr
So und Feiertage
ab 11.30 Uhr
Di und Mi Ruhetag
Für Gruppen auf Bestellung auch außerhalb dieser Zeiten geöffnet
Biergarten: (1. Mai bis Mitte Sep.)
Täglich ab 16 Uhr
So und Feiertage ab 11 Uhr

Anschrift & Kontakt

Gereuth 1
96190 Untermerzbach
Tel.: 09533-98240

ZU BESUCH HINTERM SCHLOSS

Lange Zeit war das Schloss Gereuth ein Sorgenkind - es verfiel vor sich hin, und es fand sich kein Interessent. Im Jahr 2001 fuhren schließlich Birgit Richter und Rupert Fechner an der Edelbruchbude vorbei, verliebten sich in das Gemäuer und waren fortan Schlossbesitzer. Seitdem geht es nur noch aufwärts. Ein kleiner Zoo, unter anderem mit Emus, herrschaftliche Gasträume und ein liebevoll improvisierter Biergarten mit Schlossblick laden zum Verweilen ein.

Italienisches Eiscafé Eisflocke

Speisen

70 verschiedene Eissorten im Wechsel. Verschiedene Eisbecher, verschiedene hausgemachte Crêpes - immer mit Buchweizenmehl (süß und pikant), italienische Pizza. Sa und So Kuchen und Torten. Spezialitäten: Verschiedene, immer frische Crêpes.

Getränke

20 verschiedene Kaffeespezialitäten und ca. 10 verschiedene heiße Schokoladenspezialitäten (auch mit Alkohol), im Winter Glühwein. Eiskaffee, Eisschokolade. Softdrinks.

Plätze (innen/außen)

15/40

Unser Tipp
Frische Crêpes

CRÊPES VOR DER TÜR

Das original italienische Piaggio-Dreirad ist so etwas wie das Markenzeichen der Wonfurter Eisdiele. Hier bilden sich regelmäßig lange Schlangen, wenn Monika Göbel den Schaber schwingt und jeder einen der leckeren Flach-Pfannkuchen mit Auflage ergattern will. Natürlich gibt es bei Monika und ihrer Familie auch viele Eissorten, eine besonders willkommene Erfrischung für die Gäste des nahegelegenen Badesees. Zur vorgerückten Stunde steigt so mancher dann auch auf die feine Pizza um, im Winter gibt es sogar Glühwein!

Öffnungszeiten

Ganzjährig geöffnet
1. März bis 30. Sep.
Täglich ab 14 Uhr
So ab 13 Uhr
1. Okt. bis. 28. Feb.
Mi bis Sa ab 14.30 Uhr
So ab 13 Uhr
Mo und Di Ruhetag

Anschrift & Kontakt

Maingasse 9
97539 Wonfurt
Tel.: 0151-23421627

222

Gasthaus zum Kram

ZWISCHEN BIER UND WEIN

Bei Andrea Kram scheiden sich die Franken-Geister: Die Weintrinker sind zwar mittlerweile in der Minderheit, dennoch lohnt sich auch für Gleichgesinnte der Weg ins Gasthaus zum Kram. Die guten Weine werden immerhin direkt von der sehr Wein-affinen Verwandtschaft hergestellt. Besonders zum Wirtshaussingen sind dann aber Bier- und Weinfreunde ein Herz und eine Seele – und geben sich auch gegenseitig gerne mal einen aus ...

Speisen

Mittelgroße Karte mit ca. 20 warmen Gerichten. Sonntags zusätzlich immer noch 1-2 fränkische Gerichte. Fränkische Brotzeiten. Spezialitäten: Verschiedene Schnitzelvariationen, hausgemachte Pizza aus dem Steinbackofen.

Getränke

Sämtliche Biere der Kulmbacher Brauerei: Pils vom Fass, alle anderen Sorten aus der Flasche. Auswahl an roten und weißen Weinen, fast ausschließlich Frankenweine, einige ausgewählte internationale Weine.

Plätze (innen/außen)

60/100

Unser Tipp
Schnitzelvariationen

Öffnungszeiten

Mo und Fr ab 16 Uhr (Küche erst ab 18 Uhr)
Do und Sa ab 18 Uhr
So ab 11 Uhr
Di und Mi Ruhetag

Anschrift & Kontakt

Hauptstraße 31
97539 Wonfurt
Tel.: 09521-2569

223

Manuelas Sonnenhof

WWW.MANUELAS-SONNENHOF.DE

Speisen

Alte fränkische, bodenständige Küche neu inspiriert, auf Wunsch auch gehobene Küche. An den Wochenenden immer zusätzlich 2-3 saisonale Gerichte. Für Gesellschaften warme Gerichte auf Bestellung (alles ist möglich). Reichhaltige Brotzeiten. Samstags und sonntags hausgebackene Kuchen und Torten.

Getränke

Verschiedene Biere aus der Region (z. B. Kulmbacher, Göller/Zeil). Fränkische Weine aus der Region (rot und weiß).

Plätze (innen/außen)

58/70

Unser Tipp

Reichhaltige Brotzeiten

FÜR GROSSE UND KLEINE SONNENSCHEINE

Manuela und ihr Sonnenhof sind ein tolles Erlebnis. Nicht nur, wenn man erst fünf Jahre alt ist und einen unvergesslichen Kindergeburtstag feiern möchte, sondern auch, wenn man einfach mal richtig echte fränkische Küche genießen will. Wer möchte, kann hier sogar etwas tiefer einsteigen und bei den beliebten Koch- und Backkursen ein bisschen was von der Meisterin lernen. Die weiß auch rund um die Zutaten und den Bauernhof jede Menge, so dass ein Besuch auch Ihren grauen Zellen richtig gut tun wird.

Öffnungszeiten

Sa ab 17 Uhr
So ab 14 Uhr
Mo bis Fr geschlossen
Außerhalb dieser Zeiten für Gruppen, Gesellschaften, Feierlichkeiten nach Anmeldung jederzeit geöffnet

Anschrift & Kontakt

Hauptstraße 46
97539 Wonfurt
Tel.: 09521-3335

Schopp`nhäusla

SCHWEIN AM SPIESS

Seit Olaf Mäusbacher 2006 das Schopp`nhäusla von Erna Gehring übernahm, hat er den Spagat zwischen Tradition und neuen Elementen gut hinbekommen und so sowohl das Stammpublikum gehalten, als auch neue Gäste hinzugewonnen. So gibt es beispielsweise viele glutenfreie Gerichte, Bio-Tees und viele Salate, genauso wie Schnitzel, Steak und Currywurst. Besonders hoch her geht es bei den verschiedenen Themen-Abenden, wenn es beispielsweise Schwein am Spieß oder spezielle (aus-)landestypische Gerichte gibt.

Speisen

Vielseitige Speisekarte, vegetarische Gerichte, Salate, glutenfreie Speisen, fränkische Gerichte, verschiedene Schnitzel- und Lendchengerichte, verschiedene Steaks. Fränkische Brotzeiten.

Getränke

Weine vom Weinhaus Schaffner in Hassfurt (weiß, rot und Rotling). Biere von der Schloßbrauerei/Reckendorf: Pils, Hefeweizen und Dunkles vom Fass, verschiedene Flaschenbiere. Verschiedene alkoholfreie Biere. Große Auswahl an Kaffeespezialitäten, große Bio-Tee-Karte.

Plätze (innen/außen)

122/85

Unser Tipp

Steaks

Öffnungszeiten

Mo, Mi, Do und Fr ab 18 Uhr
Sa ab 17 Uhr
So und Feiertage ab 11 Uhr
Dienstag Ruhetag
Für Gruppen ab 20 Personen auch außerhalb dieser Zeiten geöffnet

Anschrift & Kontakt

Hauptstraße 1
97539 Wonfurt
Tel.: 09521-7380

Altes Forsthaus

Speisen

Bodenständige, fränkische Küche. Große Auswahl an warmen Gerichten. Am Wochenende zusätzliche wechselnde Gerichte. Verschiedene Steaks. Verschiedene Toasts. Hausmacher Brotzeiten. Hausgemachte Kuchen und Torten am Wochenende. Spezialitäten: Hirschbraten, fränkischer Sauerbraten.

Getränke

Auswahl an weißen und roten fränkischen Weinen (fast ausschließlich aus Zeil und Umgebung). Biere von der Schloßbrauerei/Reckendorf: Pils, Kellerbier und Hefeweizen vom Fass, weitere Sorten aus der Flasche. Hausgemachter Obst- und Kornschnaps.

Plätze (innen/außen)

140/120

Unser Tipp

Hirschbraten

WO UROMA DIE KLÖSSE MACHT

Bis zu 300 der edlen runden Kartoffelkugeln dreht die frisch gebackene Uroma Köhler an den Wochenenden, wenn sich die Gäste im Alten Forsthaus die Klinke in die Hand geben. Enkelin Carina schenkte der Oma im November 2010 den ersten Urenkel und so ist die Famlientradition gesichert. Carinas Mutter Anita steht dabei immer freundlich hinter Herd und Tresen und begrüßt, wenn möglich, jeden Gast, als wäre er ihr liebster. Schließlich lebt sie Gastronomie und liebt den Umgang mit so vielen verschiedenen Menschen.

Öffnungszeiten

1. März bis 31. Okt.
Mi und Do ab 17 Uhr
Fr, Sa, So und Feiertage
ab 10 Uhr
Mo und Di Ruhetag
1. Nov. bis 28. Feb.
Fr, Sa, So und Feiertage
ab 10 Uhr
Mo bis Do Ruhetag
Für Gruppen nach Anmeldung ganzjährig auch außerhalb dieser Zeiten geöffnet

Anschrift & Kontakt

Bischofsheim 18
97475 Zeil am Main-
Bischofsheim
Tel.: 09524-1821

Pizzeria Barbara

GELERNT IST GELERNT

Barbara Reitz entstammt einer Gastronomenfamilie und hat schon mit der Muttermilch die Liebe zu Speisen und Gästen eingesogen. 1995 entschloss sie sich, ihr eigenes Ding durchzuziehen und eröffnete die Pizzeria Barbara, die sie heute mit ihrem Sohn Daniel zusammen führt, der auch schon ein feiner Pizzabäcker geworden ist.

Speisen

Italienische (Pizza, Pasta, Salate, Fleischgerichte) und deutsche Speisen (Schnitzel, Lende, etc.). Spezialitäten: Italienischer Salat, Schnitzel.

Getränke

Kulmbacher Mönchshof-Biere: Hefeweizen, Pils und Schwarzbier vom Fass sowie verschiedene Flaschenbiere. Italienische Weine und Frankenweine (weiß und rot).

Plätze (innen/außen)

100/60

Unser Tipp
Italienischer Salat

Öffnungszeiten

Täglich ab 17 Uhr
Montag Ruhetag

Anschrift & Kontakt

Froschgasse 6
97475 Zeil am Main-Krum
Tel.: 09524-5443

Eugen`s alte Apotheke - das Schnitzelhaus

WWW.EUGENS-ALTE-APOTHEKE.DE

Speisen

Schnitzelvarianten around the world: Vom bayerischen Schnitzel über das schwedische Schnitzel bis zum Kuba-Schnitzel, Beilagen frei wählbar. Verschiedene Suppen. Verschiedene Salatteller. Brotzeiten im Sommer. Megaschnitzelplatten für 4 Personen („Rocky Mountain" und „Mount Everest"). Besonderes Highlight: Essen für 2 - Schlemmerplatte für 2 Personen mit Sektempfang. Spezialität: Zeiler Extrablatt - Zeiler Winzerschnitzel an Weißweinrahm mit glasierten Weintrauben, Beilagen und Salatteller.

Getränke

Fränkische Weine (weiß und rot). Biere von Göller/Zeil am Main: Verschiedene Biere aus Bügelflaschen mit passendem Krug. Große Auswahl an verschiedensten Spirituosen.

Plätze (innen/außen)

50/0

Unser Tipp

Kuba-Schnitzel

Die Ratsapotheke musste um die Ecke weichen, denn nun brät Eugen Freis hier seine zahlreichen Schnitzelvarianten, deren Rezepte er alle selbst kreiert und nach aller Herren Länder benannt hat. Die empfiehlt er dann auch den Kunden, die immer noch mit einem Rezept in die urig dekorierten Räume kommen und ihre Medikamente abholen wollen. Umgekehrt hat es leider nicht funktioniert, selbst das Mount-Everest-Schnitzel wollte kein Arzt verschreiben ...

DIE VERLEGTE APOTHEKE

Öffnungszeiten

Täglich ab 17 Uhr
So 11 bis 14 und ab 17 Uhr
Mittwoch Ruhetag

Anschrift & Kontakt

Obere Torstraße 4
97475 Zeil am Main
Tel.: 09524-2779613

Bauer Robert`s Brotzeitkeller

WWW.BAUER-ROBERTS-BROTZEITKELLER.DE

HAUSGEMACHTE QUALITÄT

Bei Hetterichs wird's selbst gemacht, zumindest, wenn es mit Tieren zu tun hat. Vom Ei (aus Bodenhaltung) bis zur Hausmacher Bauernwurst kommen die Leckereien unschlagbar frisch auf den Tisch. Wer möchte, kann sie im Hofladen sogar für zuhause erwerben, der mit Honig, Nudeln und Schnapsspezialitäten auch noch weitere Feinereien zu bieten hat. Ansonsten ist der Aussiedlerhof vor allem ein Paradies für Kinder. Weit ab von der Straße bietet sich eine breite Palette vom Sandberg über Schaufel und Bobbycar bis zum Bogenschießplatz. Abwechslung ist also in jeder Hinsicht garantiert.

Speisen

Hausmacher Brotzeiten. Täglich kleine Karte mit warmen Gerichten. Spezialitäten: Kellerplatte, Hausmacher Platte, Koteletts, Currywurst AdH (= nach Art des Hauses).

Getränke

Biere von Göller/Zeil am Main: Hefeweizen und Pils vom Fass, Rauchbier, Dunkles, Kellerbier, Steinhauerweisse, Lager und Alkoholfreies aus der Flasche. Gute Auswahl an weißen und roten Frankenweinen aus der Umgebung.

Plätze (innen/außen)

60/320

Unser Tipp

Kellerplatte

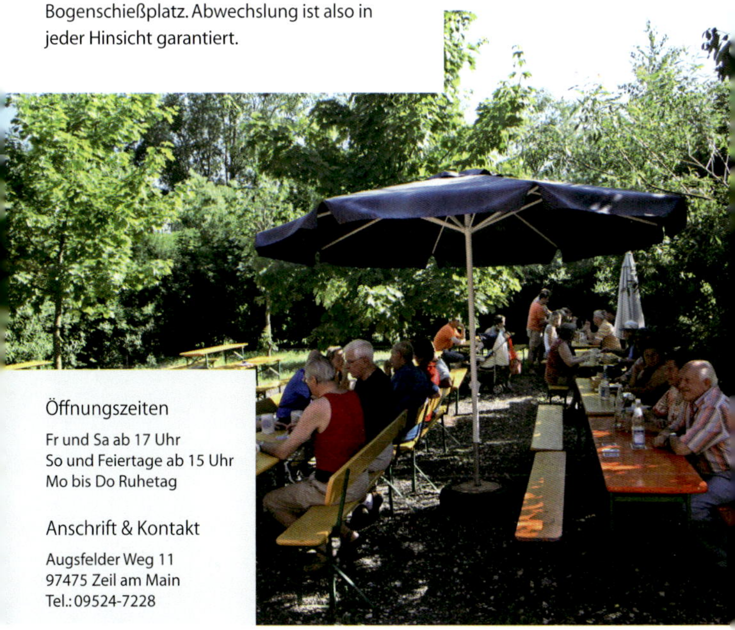

Öffnungszeiten

Fr und Sa ab 17 Uhr
So und Feiertage ab 15 Uhr
Mo bis Do Ruhetag

Anschrift & Kontakt

Augsfelder Weg 11
97475 Zeil am Main
Tel.: 09524-7228

Berghospiz Zeiler Käppele

Speisen

Fränkische Küche. Sonntags zusätzliche Mittagskarte. Fränkische Brotzeiten. Selbst gebackene Kuchen und Torten. Spezialitäten: Rindfleisch mit Kren, selbst gemachter Gerupfter, Wandererplatte, Schäuferle, selbst gebackene Kuchen.

Getränke

Biere von der Brauerei Göller/ Zeil am Main: Pils vom Fass und verschiedene Flaschenbiere. Frankenweine vom Weingut Nüsslein/ Zeil am Main (weiß und rot).

Plätze (innen/außen)

120/200

Unser Tipp

Rindfleisch mit Kren

DA WO DIE WALLFAHRT WOHNT

Erst Ende des 19. Jahrhunderts entstand das Zeiler Käppele, baulich an Lourdes angelehnt, als Wallfahrtszentrum im Marienland Franken. Zusammen mit dem nahegelegenen Maria Limbach bildet das kleine Zeiler Kapellchen den Ostzipfel des fränkischen Marienweges. Kein Wunder also, dass mit dem Berghospiz auch für Unterkunft und Verpflegung für die Wander-Katholiken gesorgt werden musste. Mittlerweile kommen auch profane Wallfahrer, die einfach nur den schönen Blick auf das Maintal genießen wollen, oder Heiratswillige, für die das Käppele zur Traumlocation avanciert ist.

Öffnungszeiten

Di bis Fr ab 14 Uhr
Sa ab 12 Uhr
So und Feiertage ab 10 Uhr
Montag Ruhetag
Für Busse nach Vereinbarung auch außerhalb dieser Zeiten geöffnet

Anschrift & Kontakt

Kapellenberg 2
97475 Zeil am Main
Tel.: 09524-1009

Café und Bistro im erbelle-outlet-center

Speisen

Leichte und kreative Küche. Zusätzlich wöchentlich wechselnde Karte mit sechs Mittagsgerichten. Kuchen, Torten und Gebäck von der Bäckerei Kolb in Zeil. Spezialitäten: Fischgerichte, z. B. Zanderfilet, Seelachs mit gegrilltem Gemüse, Putengeschnetzeltes in Rahm-Champignon-Soße mit Reis.

Getränke

Verschiedene Flaschenbiere von der Brauerei Göller/Zeil am Main. Frankenweine (weiß, rot und rosé). Verschiedene Kaffeespezialitäten und Tees. Im Sommer kleine Auswahl an selbstgemixten Cocktails (mit und ohne Alkohol).

Plätze (innen/außen)

50/30

Unser Tipp

Gebäck von der Bäckerei Kolb

EXOT MIT GUTER AUSSICHT

Normalerweise kommen die Leute hier nur zum Shoppen vorbei, mittlerweile hat sich aber auch das großzügig angelegte Café des Outlets ein eigenes Stammpublikum erarbeitet. Unter der charmanten Führung von Penton Bombalier ist in den letzten Jahren ein kleiner Genusstempel entstanden, in dem es vor allem die Kuchen und Torten der Schwiegereltern (Bäckerei Kolb/Zeil), aber auch exotische warme Gerichte zu verkosten gibt. Am späteren Nachmittag zeigt der gelernte Barkeeper, übrigens Kubaner mit schottischen und französischen Vorfahren, seine Kunst am Cocktail-Shaker. Hier sollten sie auf jeden Fall einmal zuschlagen!

Öffnungszeiten

Mo bis Fr 10 bis 18 Uhr
Sa 10 bis 16 Uhr
Sonntag Ruhetag

Anschrift & Kontakt

Sander Straße 3
97475 Zeil am Main
Tel.: 09524-822448

Franz-Josef Göller, ein Brauer mit Leib und Seele

WWW.BRAUEREI-GOELLER.DE

Franz-Josef Göller führt die regionale, urfränkisch handwerkliche Familienbrauerei in der dritten Generation. Drei Söhne stehen als Nachfolger in den Startlöchern.

Seinen Bierspezialitäten braut Franz-Josef Göller im historischen Gemäuer der alten Freyung nach besonderen, von ihm persönlich entwickelten Rezepten und nach strengsten Geschmacks- und Qualitätsregeln. Handwerkliche Braukunst gepaart mit modernster Brautechnologie ist seine Leidenschaft.

Sein Herz schlägt aber auch für hilfsbedürftige Menschen. Der 2005 ins Leben gerufene GÖLLER HILFSFONDS konnte schon vielfach große Not lindern oder einfach praktische Hilfe leisten.

Fakten zur Brauerei:

Gründung: Braustätte seit 1514, im Familienbesitz seit 1908
Brauer: Franz-Josef Göller
Ausstoß: 55000 hl
Biersorten: GÖLLER-Original, GÖLLER-Lager, GÖLLER-Steinhauer Weisse, GÖLLER-Premium Pilsner, GÖLLER-Dunkel, GÖLLER-Kellerbier, GÖLLER-Rauchbier, GÖLLER-Radler, GÖLLER-Hefeweizen alkoholfrei, GÖLLER-Pilsner, GÖLLER-Brotzeitseidla, GÖLLER-Freyungs Weisse, GÖLLER-Dunkle Weisse, GÖLLER-Hausbrauer, GÖLLER-Alkoholfrei, GÖLLER-Urpils, GÖLLER-Blond.
Saisonal: Darkcherry (winterliches Kirschbier mit natürlichem Zimt und Nelken) (Nov. bis März), Herbst Bock (Okt. bis März), Bock (ab Okt.), Weizen Bock (ab Okt.), Leichte Weisse (April bis Sep.), Fastenbier (Februar/ März)

Der Himmel über Zeil ist blau und weiß

Gönn' Dir ein

Göller

Bierbrauen seit 1514

www.brauerei-goeller.de

Termine und Feste
Fastenpredigt (Februar, März)
Brauereihoffest (im April, findet im Wildgarten 12 statt)
Bockbieranstich (Anfang/Mitte Oktober)
Kirchweih (1. WE im Oktober)

Anschrift & Kontakt
Wildgarten 12
97475 Zeil am Main
Tel.: 09524-30040
Fax: 09524-3004-22

Öffnungszeiten (Göllers Biermarkt)
Mai bis Ende Aug.: Mo bis Fr 8 bis 18.30 Uhr; Sa bis 17 Uhr
Sep. bis Ende April: Mo bis Fr 8 bis 18 Uhr; Sa bis 15 Uhr

Brauereigaststätte Göller

WWW.BRAUEREI-GOELLER.DE

Speisen

Fränkisch-bodenständige Küche. Hausmacher Brotzeiten. Selbst gebackene Kuchen und Torten. Spezialitäten: Schäuferle, Schweinshaxen, verschiedene Bräten, z. B. Schweinebraten mit selbst gemachtem Wirsing, Sauerbraten, Hausmacher Wurst.

Getränke

Pils, Keller, Dunkles, Hefeweizen und saisonale Spezialitäten vom Fass und verschiedene Flaschenbiere von der eigenen Brauerei. Frankenweine (weiß und rot) aus der Region. Zum Teil hausgebrannte Schnäpse.

Plätze (innen/außen)

200/600

Unser Tipp

Schweinebraten mit selbst gemachtem Wirsing

DA SCHMECKT'S

Zu den guten Göller-Bieren bietet Pächter Hubert Rausch eine breite Palette fränkischer Köstlichkeiten und auch echte Biergerichte an, legendär beispielsweise Bockbier-Zwiebelsuppe und Braumeistersteak. Im Sommer lockt der gemütliche Biergarten, in dem dann die Brotzeiten aus eigener Schlachtung besonders gut schmecken. Übrigens sind hier gerade Kinder gut aufgehoben, dank großem Spielplatz und ausführlicher Kinderma(h)lkarte. Für die Geschichtsfanatiker noch eine Zahl: Der „Alten Freyung" wurde im Jahr 1514 das Brau- und Schankrecht verliehen. Somit ist die Brauerei Göller eine der ältesten Braustätten Bayerns!

Öffnungszeiten

Juni bis Aug.
Täglich ab 9 Uhr
Kein Ruhetag
Sep. bis Mai
Täglich ab 9 Uhr
Dienstag Ruhetag

Anschrift & Kontakt

Speiersgasse 21
97475 Zeil am Main
Tel.: 09524-9554

Gasthof u. Metzgerei Zur Stadt Zeil Karl-Rainer **Hertlein**

Speisen

Fränkische Gerichte. Große Auswahl an warmen Gerichten. Hausmacher Brotzeiten. Spezialitäten: Bocksbraten, Wildgerichte (Reh, Wildschwein, Hirsch), Spießbraten.

Getränke

Biere von der Brauerei Wagner/ Eschenbach: Pils vom Fass und verschiedene Flaschenbiere. Frankenweine aus der Gegend (weiß, rot und Rotling).

Plätze (innen/außen)

90/0

Unser Tipp
Bocksbraten

ZU KAISERS ZEITEN

1895 erhielt der Großvater von Karl-Rainer Hertlein die Erlaubnis, Schweine zu schlachten. Seitdem ging es steil aufwärts mit Metzgerei und Gasthof an der Hauptstraße in Zeil. Als die Hertleins jedoch vor 30 Jahren mit dem Partyservice anfingen, wurden sie von allen Seiten belächelt, heute ist er das Hauptstandbein des Familienbetriebes. Zudem bescherte die Einführung der Ganztagsklassen ein weiteres sicheres Geschäft, denn die wollen alle gut Mittagessen. Das können Sie natürlich auch, wir empfehlen Bocks- und Hirschbraten.

Öffnungszeiten

Täglich 9 bis 15 Uhr
Mittwoch Ruhetag
Für Gruppen nach Anmeldung außerhalb dieser
Zeiten geöffnet

Anschrift & Kontakt

Hauptstraße 4
97475 Zeil am Main
Tel.: 09524-278

Hotel Kolb - Erec`s Restaurant

Speisen

Fränkisch-mediterrane Fein-
schmecker-Küche. Saisonale Gerichte. Verschiedene Salate. Selbst
gebackene Kuchen und Torten
nur auf Bestellung. Spezialitäten:
Rehrücken mit Schokoladensoße,
saisonale Gerichte, mediterrane
Spezialitäten.

Getränke

Große Auswahl an fränkischen,
aber auch internationalen
Weinen (über 100 Positionen).
Veldensteiner Landbier, Warsteiner
Pils und Kaiser Pils vom Fass sowie
verschiedene Flaschenbiere von
der Brauerei Kaiser/Neuhaus.
Selbst gemachte Liköre. Große
Auswahl an Spirituosen aus der
Umgebung.

Plätze (innen/außen)

120/60

Unser Tipp

Mediterrane Spezialitäten

DINNER IN DER KÜCHE

Das ist das Highlight bei Erec Jacobson,
der das Hotel in der dritten Generation
führt. Schließlich kann man dann zu zweit
einen ganzen Abend lang direkt am Herd
dem Küchenchef über die Schulter schauen
- und dabei natürlich selber ein köstliches
Fünfgängemenü verspeisen. Wenn Sie auch
noch selbst Hand anlegen wollen, empfehlen wir einen der ca. 20 Kochkurse zu
besuchen, die hier regelmäßig stattfinden.
Allerdings haben wir auch großes Verständ-
nis, wenn Sie einfach nur genießen wollen,
dabei können Sie nichts falsch machen!

Öffnungszeiten

Mi und Do ab 16.30 Uhr
Fr bis Di ab 11.30 Uhr
Im Jan. nach Dreikönig für
3 Wochen und Ende Aug./
Anf. Sep. für 2 Wochen
geschlossen

Anschrift & Kontakt

Krumer Straße 1
97475 Zeil am Main
Tel.: 09524-9011

Steinernes Haus - **Trattoria Dal Piccolo Sardo**

Speisen

Italienische und sardische Gerichte. Spezialitäten: Flambierte Gerichte, Tiramisu Piccolo Sardo (flambiertes Tiramisu).

Getränke

Deutsche und italienische Weine, Spezialität: Sardischer Wein. Biere von der Werner Bräu/Ebelsbach.

Plätze (innen/außen)

55/55

Unser Tipp

Tiramisu Piccolo Sardo

ZUM KLEINEN SARDEN

Nur etwa eine Million Menschen sprechen die sardische Sprache, vornehmlich natürlich auf Sardinien. Doch seitdem Massimo Piras in Zeil seine Trattoria eröffnet hat, gibt es auch ein paar Deutsche, die es lernen - und das quasi zwangsweise, denn der sympathische Insulaner schreibt seine Speisekarte auf sardisch und versieht alle seine Speisen mit „sardischem Feinschliff" (vieles wird spektakulär flambiert!). Heraus kommt ein wahrer Genusstempel, der unbedingt auf Ihrer Besuchsliste stehen sollte - und das nicht nur einmal!

Öffnungszeiten

Täglich 11 bis 14 Uhr und 17 bis 23 Uhr
Dienstag Ruhetag

Anschrift & Kontakt

Bamberger Straße 33
97475 Zeil am Main
Tel.: 09524-300080

Restaurant Warmuth

WWW.RESTAURANT-WARMUTH.DE

Speisen

Gut bürgerliche, fränkische Küche. Saisonale Gerichte. Vegetarische Gerichte. Immer zusätzlich 3-4 Tagesgerichte, verschiedene Nachspeisen. Hausmacher Brotzeiten. Selbst gebackene Kuchen und selbst gebackenes Gebäck. Spezialitäten: Rindfleisch mit Kren, Pizza aus dem Holzbackofen (Fr), Spanferkel (auf Bestellung), gegrillte Haxe, Schäuferle.

Getränke

Pils vom Fass und verschiedene Flaschenbiere von Göller/Zeil am Main. Pils vom Fass und verschiedene Flaschenbiere von der Schloßbrauerei/Reckendorf. Frankenweine aus der Gegend (weiß und rot).

Plätze (innen/außen)

120/60

Unser Tipp

Gegrillte Haxe

MIT HOLZOFEN

Der ist das Überbleibsel aus der Bäckerei, die früher zum Restaurant gehörte und heute noch verantwortlich für viele gute Speisen, wie die hauseigene Pizza oder auch das Holzofenbrot. In unregelmäßigen Abständen gibt es Gutes aus der Schlachtschüssel. Hier sollten Sie vorher anrufen und reservieren, denn es gibt schon eine große Fangemeinde. Ebenso übrigens wie für das Spanferkel, das Anita und Thomas Warmuth auf Bestellung anbieten.

Öffnungszeiten

Täglich ab 8.30 Uhr
Montag ab 14 Uhr Ruhetag
(außer an Feiertagen)

Anschrift & Kontakt

Haardtweg 23
97475 Zeil am Main
Tel.: 09524-6521

Gasthaus Sennhütte

MULTIMIX IN ZEIL

Die Sennhütte hat eine lange Tradition. Von der ursprünglich einmal eidgenössischen Ausrichtung ist sogar noch ein bisschen übrig geblieben, beispielsweise die Schweizer Leckerli. Von der fränkischen Seite stammen die Einrichtung des einen Raumes und natürlich die Bräten auf der Karte, dazu gibt es Pizza aus dem Steinofen und neuerdings auch noch griechische Küche und passendes Ambiente im zweiten Raum. Am Stammtisch steht seit eh und je das Schild mit der Aufschrift „Doa höckn holt immer die die wu halt immer doa höckn", und getreu diesem Motto sind auch die meisten Stammgäste geblieben und immer wieder neue Liebhaber dazu gestoßen. Hier finden Sie auf jeden Fall immer das richtige Rezept gegen Ihren Hunger!

Speisen

Fränkische Gerichte, griechische Gerichte, hausgemachte Pizza aus dem Steinbackofen. Sonntags immer zusätzlich zwei verschiedene Bräten. In der Sommersaison selbst gemachtes Eis. Spezialitäten: Schweizer Leckerli mit hausgemachten Spätzle und Röstzwiebeln, Fischteller mit Reis, hausgemachte Pizza in verschiedenen Varianten, Pfefferrumpsteak.

Getränke

Helles, Pils, Schwarzbier und Hefeweizen vom Fass von der Kulmbacher Brauerei. Griechische Weine (weiß und rot).

Plätze (innen/außen)

92/100

Unser Tipp

Schweizer Leckerli

Öffnungszeiten

Apr. bis Okt.
Täglich ab 11 Uhr
Montag Ruhetag
Nov. bis März
Täglich 11 bis 14.30 Uhr
und ab 17 Uhr
Montag Ruhetag

Anschrift & Kontakt

Kaulberg 20
97475 Zeil am Main
Tel.: 09524-5469

Gaststätte Zur Eisenbahn

Speisen

Fränkisch-bodenständige Küche, saisonale Gerichte. Sonntags Mittagstisch mit verschiedenen Bräten. Fränkische Brotzeiten. Spezialität: Selbst gemachte Käsespätzle.

Getränke

Biere von der Kulmbacher Brauerei: Hefeweizen, Keller und Pils vom Fass sowie weitere Flaschenbiere. Fränkische Weine, vorwiegend aus Zeil (weiß und rot).

Plätze (innen/außen)

185/170

Unser Tipp
Selbst gemachte Käsespätzle

SPÄTE NEUERÖFFNUNG

Erna Gehring war 20 Jahre lang die Herrin des Schopp`nhäusla in Wonfurt, bis sie 2006 verkaufte und 2008 in die Eisenbahn in Zeil wechselte. Hier, etwa 200 Meter vom Bahnhof entfernt, bewirtet Erna nun mit Unterstützung durch die Schwiegertochter ihre Gäste, zu denen auch viele Kegler gehören, die die große Bundeskegelbahn des Hauses nutzen. Im Sommer sitzt es sich besonders schön im Biergarten mit seinen fünf großen Kastanien.

Öffnungszeiten

Täglich ab 16 Uhr
So und Feiertage ab 11 Uhr
Montag Ruhetag

Anschrift & Kontakt

Bahnhofstraße 2
97475 Zeil am Main
Tel.: 09524-303854

Zum Weinstock Familie Pottler-Zink

WWW.WEINBAU-POTTLER-ZINK.DE

ERST ANRUFEN

Familie Pottler-Zink öffnet ihre kleine rustikale Heckenwirtschaft, die vor allem aus zwei großen Eichentischen besteht, meistens nur auf Wunsch der Gäste, außer natürlich zum Weinfest, da ist immer geöffnet. Besonderes Lob verdient die Dekoration, zu der vor allem schöne Keramikweinblätter gehören. Die gefallen den Gästen manchmal ein bisschen zu gut, weswegen jedes Jahr wieder neue bei der Lebenshilfe geordert werden müssen. Brot, Wurst und vor allem der Kochkäse sind auch hausgemacht - da lohnt der Anruf auch, wenn man nur Hunger hat ...

Speisen

Keine warmen Gerichte, aber zwischen 10 bis 15 Hausmacher Brotzeiten. Selbst gebackene Kuchen auf Bestellung. Spezialitäten: Hausgemachter Kochkäse, Hausmacher Wurst.

Getränke

Eigenbau-Weine (weiß, rot und Rotling). Alkoholfreie Getränke.

Plätze (innen/außen)

40/0

Unser Tipp

Kochkäse

Öffnungszeiten

1. WE im Aug. immer geöffnet, sonst Öffnungszeiten bitte telefonisch erfragen, da immer nur nach Voranmeldung geöffnet.
Mo bis Fr ab 17 Uhr
Sa, So und Feiertage ab 16 Uhr

Anschrift & Kontakt

Lange Gasse 6
97475 Zeil am Main
Tel.: 09524-9797

Bäckerei, Konditorei und Café Kolb

Speisen

Hausgebackene Kuchen und Torten, kleine Snacks, wie z. B. belegte Sandwiches, verschiedene Eisbecher.

Getränke

Verschiedene Kaffeespezialitäten, verschiedene offene Tees. Flaschenbiere von der Brauerei Göller/Zeil. Kleine Auswahl an weißen und roten Frankenweinen.

Plätze (innen/außen)

30/25

Unser Tipp

Kuchen und Torten

60 JAHRE BÄCKEREI, 30 JAHRE KOLB

So lautet die Kurzfassung der Geschichte der Kultbäckerei in Zeil. Fast wie in einem Caféhaus kann man bei Franz Kolb mitten in dem Örtchen relaxen und den Tag vorüberziehen lassen. Dazu gehört natürlich auch eine zuvorkommende Bedienung und jede Menge feiner Kuchen und Torten. Für den späteren Nachmittag gibt es dann auch Sandwiches und Frankenwein für alle Freunde der etwas deftigeren Küche.

Öffnungszeiten

Mo bis Fr 6 bis 18 Uhr
Sa 6 bis 12 Uhr
So von 13 bis 18 Uhr

Anschrift & Kontakt

Krumer Straße 1
97475 Zeil am Main
Tel.: 09524-5312

Blick vom Zeiler Käppele

Altstadt-Weinfest Zeil am Main

WWW.ZEILER-WEINFEST.DE

Der Zeiler Weinbau geht einerseits auf das Bamberger Kloster am Michaelsberg zurück (um 1018), andererseits förderte der Ebracher Abt Degen (in Zeil geboren) im 17. Jahrhundert den Weinanbau in der Region. So eine lange Tradition muss natürlich gefeiert werden, und das tun die Zeiler auch ausgiebig – in ihrer gesamten Stadt.

Angefangen mit den Winzern über alle Vereine bis hin zur Narrenzunft ist dann alles auf den Beinen und das gesamte Örtchen im Ausnahmezustand. Das Fest beginnt mit einem bunten Trachtenumzug am Samstag. Am Sonntag freut man sich auf das Kapellen-Hochfeuerwerk, der Montag ist dem Ausklang gewidmet. Bahn-, Bus- und Schiffsshuttle bringen dabei die Feierwilligen aus der Bamberger Region nach Zeil. So mancher schafft es aber abends nicht mehr zurück und findet sich am nächsten Morgen unter strahlendem Sonnenschein in der romantischen Fachwerkstadt.

Termin: Um den ersten Sonntag im August

Abt-Degen-Stube

Speisen

Kleine warme Gerichte, größere Gerichte nur auf Bestellung. Verschiedene fränkische Brotzeiten. Hausgebackene Kuchen. Spezialitäten: Blaue Zipfel, fränkische Bratwürste, selbst gemachter Gerupfter.

Getränke

Frankenweine aus der Region (weiß, rot und Rotling). Verschiedene Biere der Brauerei Göller/Zeil. Fränkische Schnäpse und Edelbrände.

Plätze (innen/außen)

50/50

Unser Tipp

Selbst gemachter Gerupfter und Kochkäse

ZUR EHRE DER FRANKENREBE

Abt Alberich Degen ließ 1665 die ersten Silvanerreben in Franken anpflanzen und legte damit den Grundstein für die heutige Kulturlandschaft Weinfranken. Ziegelanger liegt eher am östlichen Ende der Weingegend, gerade für die Bamberger hingegen ist es das Einfallstor. Kein Wunder also, dass man hier dem ehrwürdigen Abt eine Weinstube gewidmet hat, von der aus man einen herrlichen Blick in das Zeiler Maintal hat. Im Gegensatz zur klassischen Heckenwirtschaft findet man hier übrigens auch ein gutes Angebot an Kuchen, die auch schon zur Kaffeezeit die Gäste locken.

Öffnungszeiten

Fr ab 17 Uhr, Sa ab 15 Uhr
So und Feiertage ab 14 Uhr
Mo bis Do geschlossen
Jedes 1. Wochenende im Monat geschlossen
Für Gruppen nach Vereinbarung auch außerhalb dieser Zeiten geöffnet

Anschrift & Kontakt

Wedberg 4
97475 Zeil am Main-Ziegelanger
Tel.: 09524-6980

Franken-Weingut Bauerschmitt

WWW.WEINGUT-BAUERSCHMITT.DE

DIE KLINGENDE HECKENWIRTSCHAFT

Martin Bauerschmitt wurde nicht nur die Ehre zuteil, den neuen Bamberger Weinberg am Michaelsberg bebauen zu dürfen, das Weingut, das er und sein Vater Kilian betreiben, ist auch eine der beliebtesten Adressen in der Zeiler Gegend. Ein bisschen liegt es sicherlich daran, dass an den Wänden ein Sammelsurium der unterschiedlichsten Musikinstrumente hängt, das jeder, der dazu in der Lage ist, auch benutzen darf. So richtig rund geht es vor allem am 1. Mai, wenn die Bauerschmitts zum großen Hoffest laden, dann gibt es keinen freien Quadratmeter mehr im Hof!

Speisen

Mittelgroße Karte mit kalten Gerichten/Brotzeiten. In den Wintermonaten zusätzlich blaue Zipfel und marinierte Heringe mit Salzkartoffeln. Spezialitäten: Kleine und große Häckerplatte, selbst gemachter Gerupfter, verschiedene hausgemachte Hefekuchen.

Getränke

Rote und weiße Eigenbau-Weine, eigener Secco. Edelbrände aus eigener Herstellung.

Plätze (innen/außen)

40/100

Unser Tipp

Selbst gemachter Gerupfter

Öffnungszeiten

Anfang Feb. bis Ende März, Anfang Mai bis Ende Juni, Mitte Aug. bis Ende Sep. und Anfang Nov. bis Mitte Dez. Fr ab 16 Uhr, Sa, So und Feiertage ab 14 Uhr Mo bis Do geschlossen Für Gruppen nach Voranmeldung auch außerhalb dieser Zeiten geöffnet

Anschrift & Kontakt

Ziegelanger 31a
97475 Zeil am Main
Tel.: 09524-302078

Restaurant-Weingut Berninger

Speisen

Fränkische, gehobene Küche, saisonal ausgerichtete Karte. Fränkische Brotzeiten. Hausgebackene Kuchen und Torten. Spezialitäten: Fischgerichte (z. B. ganzer Waller auf Bestellung), Enten, Steaks.

Getränke

Eigenbau-Weine (weiß, rot, rosé und Rotling), eigener Secco und eigener Sekt. Verschiedene Flaschenbiere. Liköre aus eigener Herstellung sowie hausgebrannte Schnäpse.

Plätze (innen/außen)

120/90

Unser Tipp
Fischgerichte

VON DER MAINPERLE ZUM WEINGUT

Jürgen Berninger vereint die wichtigsten Fähigkeiten für einen Unterfranken auf sich: Er ist Winzer und Koch. Das ganze gepaart mit dem ehemaligen Restaurant Mainperle und seiner persönlichen Perle in Gestalt von Ehefrau Ute ergibt eine fast unschlagbare Kombination an fränkischer Gastlichkeit. Wer zwischen den hausgebackenen Kuchen am Nachmittag und Ente oder Steak am Abend ein paar Meter laufen will, kann das direkt vor dem Haus am Abt-Degen-Steig tun. Hier kann man sich in mehreren Serpentinen durch den Weinberg schlängeln.

Öffnungszeiten

Mi bis Fr ab 16 Uhr
Sa und So ab 10.30 Uhr
Montag und Dienstag
Ruhetag

Anschrift & Kontakt

Ziegelanger 33
97475 Zeil am Main-
Ziegelanger
Tel.: 09524-5300

Weinhaus Zimmermann

WWW.WEINHAUS-ZIMMERMANN.DE

IM WEINFEST-MEKKA

Fränkische Weinfeste haben Tradition und sind für alle Beteiligten ein Riesen-Highlight. Ganz besonders gut gefallen hat es uns, unter anderem, hier in Zeil. Schließlich verwandelt sich das gesamte Städtchen in eine große Festarena, jede Menge Buden säumen alle Straßen und an jeder Ecke gibt es eine andere Attraktion. Mit dabei ist natürlich auch jedes Jahr Wolfgang Zimmermann, der seinen Ökowein nach der Maxime „Biologisches Gleichgewicht statt Chemie" an- und ausbaut. Diese Einstellung wirkt sich auch auf die Speisen aus, wir haben selten ein so gutes Schnitzel mit Kartoffelsalat gegessen (und das will wirklich etwas heißen).

Speisen

Fränkisch-deftige Küche, saisonale Gerichte. Fränkische Brotzeiten. Spezialitäten: Bauernenten mit Klößen und Bamberger Wirsing, Rehbraten, selbst gebackener Zwiebelkuchen (im Herbst).

Getränke

Öko-Weine aus eigenem An- und Ausbau (weiß und rot). Pils und Kellerbier von der Reckendorfer Schloßbrauerei. Edelbrände aus eigener Brennerei.

Plätze (innen/außen)

75/30

Unser Tipp

Schnitzel mit Kartoffelsalat

Öffnungszeiten

Mo, Di und Fr ab 15 Uhr
Sa und So ab 11 Uhr
Mi und Do Ruhetag
Für Gruppen nach Vereinbarung jederzeit geöffnet

Anschrift & Kontakt

Ziegelanger 19
97475 Zeil am Main
Tel.: 09524-5460

Fränkische Weinstube **Martinsklause** - Weingut Martin

Speisen

Fränkische, saisonal ausgelegte Küche. Standardkarte + 6-7 wechselnde Empfehlungen. Fränkische Brotzeiten. Am Wochenende selbst gebackene Kuchen. Spezialitäten: Saisonale Gerichte, Flugenten (nur auf Vorbestellung, nur im Herbst) mit selbst gemachtem Wirsing und Klößen, Neuseeländer Lamm, Wildschweinbraten.

Getränke

Weiße und rote Eigenbau-Weine. Prosecco weiß und rosé. Weißer Sekt. Verschiedene Flaschenbiere von der Brauerei Göller/Zeil am Main. Fränkische Destillate und Liköre aus der Umgebung.

Plätze (innen/außen)

60/90

Unser Tipp

Flugenten

DREI GENERATIONEN IM WEINVIERTEL-TAKT

Wo sogar die Oma mit über 80 Jahren noch ihre Frau hinter dem Herd steht, da kann sich jeder Gast getrost niederlassen. Soviel Erfahrung schmeckt man einfach - und soviel Liebe natürlich auch, die die alte Dame in jedes Salatblatt steckt. Und auch die Kinder von Erich und Silvia Martin stehen bereits in den Startlöchern, sprich bedienen seit Jahren mit oder besuch(t)en die Weinbauschule in Veitshöchheim. Sohn Maximilian hat das Examen schon hinter sich und ist bereits dabei, seine eigenen Weinideen in Ziegelanger zu kreieren.

Öffnungszeiten

Mi bis Fr ab 11 Uhr
Sa und So ab 10 Uhr
Mo und Di Ruhetag
Für Gruppen ab 30 Personen nach Voranmeldung auch außerhalb dieser Zeiten geöffnet

Anschrift & Kontakt

Ziegelanger 6
97475 Zeil am Main
Tel.: 09524-5422

Winzerhof Schick

WWW.SCHICK-WINZERHOF.DE

SCHICK BIS ZUM EISWEIN

Bei Heidi Schick ist alles hausgemacht, die Rohstoffe kommen von Selbstvermarktern, ganz getreu der Philosophie des Vereines „Natürlich von hier", bei dem sie im Vorstand mitarbeitet: „Neue Ideen und alte Werte". Dass das wunderbar funktioniert, lebt sie in der eigenen Gastronomie vor und bietet Innovatives, wie fruchtige Aufstriche und Gelees, auch zum Mitnehmen an. Für die Weine ist ihr Sohn Sebastian - gelernter Winzer - verantwortlich.

Speisen

Ab und zu warme Tagesleckerbissen. Fränkische Brotzeiten. Spezialitäten: Eingelegter Camembert, Gerupfter, blaue Zipfel, Marmeladenbrot mit selbst gemachten Aufstrichen.

Getränke

Weiße und rote Eigenbau-Weine. Selbst gebrannte Schnäpse und Edelbrände.

Plätze (innen/außen)

46/50

Unser Tipp

Eingelegter Camembert

Öffnungszeiten

Anfang Feb. bis Ende Nov.
Genaue Zeiten auf Anfrage
Fr und Sa ab 15 Uhr
So und Feiertage ab 14 Uhr
Mo bis Do geschlossen
Reservierung erwünscht
Für Gruppen ab 10 Personen auch außerhalb dieser Zeiten geöffnet

Anschrift & Kontakt

Bergstraße 22
97475 Zeil am Main-
Ziegelanger
Tel.: 09524-7892

Obermain Therme

MEHR ALS MEER...

Die Obermain Therme Bad Staffelstein an der „Goldenen Pforte Frankens" vereint die schönsten Wellness-Träume zu einem ganzheitlichen und gesunden Verwöhn-Erlebnis für alle Sinne. Aus einer Tiefe von 1600 Metern kommt Bayerns wärmste und stärkste Thermalsole an die Erdoberfläche. Im weitläufigen Thermenmeer mit seinen 16 (!) angenehm temperierten Innen- und Außenbecken und seiner Wasserfläche von mehr als 1.600 Quadratmetern genießen Sie „am Meeresstrand" die wohlige Wärme des Meerwassers mit einem Solegehalt, der es in sich hat.

Öffnungszeiten
ThermenMeer:
Täglich 8 - 21 Uhr
Do, Fr, Sa bis 23 Uhr
SaunaLand ab 9 Uhr
Sonderöffnungszeiten
siehe Website

Eintrittspreise
Detaillierte Preise siehe Website
Ab 8,50 Euro
(Einzelkarte für 2 Stunden)

Unser Tipp
„Schönheit für alle" – kostenfreie
Gesichtsmasken mit der Bad
Staffelsteiner Sole

Anschrift
Obermain Therme
Am Kurpark 1
96231 Bad Staffelstein
Tel.: 09573-9619-0

Ein wahres Juwel der Obermain Therme ist auch das vom Deutsche Saunabund mit fünf Sternen ausgezeichnete Premium-Saunaland. Die Themensaunen wie Suuri-, Kivi (Stein), Ruusu- (Rosen), Nurmi-(Kräuter), holzbefeuerte Maa-(Erd)-Sauna oder das Valo- (Licht)-Bad verzaubern mit immer wieder neuen Wohlfühl-Erlebnissen und außergewöhnlichen Aufgüssen. Das ist gesundes Genießen in seiner schönsten Form. Erleben Sie in der Obermain Therme Bad Staffelstein prickelnde Momente und spüren Sie das Salz auf Ihrer Haut!

Der Landkreis Haßberge hat auch zahlreiche Feste und Märkte zu bieten. Auf dieser Seite finden Sie einige Klassiker und Tipps:

Mai

• **Zeil a. Main, Wein-Wander-Tag am „Abt-Degensteig"**
Erstes Mai-Wochenende, www.zeil-am-main.de

Juni

• **Königsberg i. Bay.: Pfingstfest**
Pfingswochenende, www.koenigsberg.de

• **Maroldsweisach, Alljährliches Johannimarktfest**
www.maroldsweisach.de

Juli

• **Sand, Altmain-Weinfest**
Zweites Juli-Wochenende, www.sand-am-main.de

• **Haßfurt, Haßfurter Meefest am Festplatz „Gries"**
Mitte Juli, www.hassfurter-meefest.de

• **Ebern, Altstadtfest**
Ende Juli, www.ebern.de

August

• **Zeil a. Main, Altstadt-Weinfest**
Erstes August-Wochenende, www.zeil-am-main.de

Oktober

• **Haßfurt, Straßenfest in der Altstadt**
1. Oktoberwochenende, www.hassfurt.de

Dezember

• **Königsberg i. Bay., Weihnachtsmarkt der Königsberger Vereine**
2. Sonntag im Dezember, www.koenigsberg.de/weihnachtsmarkt

Eine vollständige Auflistung der Feste und Veranstaltungen finden Sie im Internet:

www.hassberge-tourismus.de

Alle Gastronomien alphabetisch nach Namen

Namensverzeichnis

Alle Gastronomien alphabetisch nach Namen

Wie Sie am vorliegenden Buch sehen: Wir kümmern uns intensiv um die Fränkische Genuss- und Freizeitkultur!

Das tun wir mittlerweile seit vielen Jahren und haben uns – so wurde uns zumindest gesagt – damit auch einen Namen gemacht. Unsere Bücher stehen für eine authentische, nicht durch Werbung und Kommerz verzerrte Recherche und Präsentation. Wir konzentrieren die zentralen Informationen auf einer oder maximal zwei Seiten und bringen damit alles Wesentliche auf den Punkt. Dabei sind Text, Bild und Layout in einer Hand, ohne Hin und Her zwischen verschiedenen Ansprechpartnern.

Das bedeutet für Sie als Leser eine verlässliche Informationsquelle mit hohem Engagement und Eigeninteresse, die ihnen kurzweilig ein komplexes Thema erschließt.

Wenn Sie selbst eine Region oder Stadt betreuen bzw. vertreten, dann kann das für Sie auch ein perfektes Instrument bedeuten, die Stärken und Besonderheiten für eine breite Leserschaft aufzubereiten. Deswegen arbeiten wir gerne mit Partnern zusammen, die uns Anregungen für die Erschließung eines bestimmten Themas geben – und damit den Startschuss für ein neues Buchprojekt. So sind zum Beispiel die Genusswegweiser für Kulmbach, Haßfurt und Bamberg entstanden, oder auch der Führer zu den fränkischen Brauereien.

Zögern Sie also nicht, uns zu kontaktieren, wenn Sie ein attraktives Gebiet oder Thema an den Leser bringen wollen – wir prüfen Ihr Anliegen und setzen es auch gerne um, wenn es die nötigen Voraussetzungen erfüllt. **Die Unabhängigkeit in der Recherche lassen wir uns natürlich dabei nicht nehmen, aber das ist ja auch in Ihrem Sinne, denn Anzeigenblätter gibt es genug ...**

www.guidemedia.de
Tel.: 0951-5194166

ISBN: 978-3936897647
672 Seiten - 19,90 Euro

ISBN: 978-3936897821
672 Seiten - 19,90 Euro

ISBN: 978-3936897838
384 Seiten - 14,90 Euro